20世紀資本主義の歴史

Ⅰ 出現

藤瀬浩司 *Hiroshi Fujise*【著】

名古屋大学出版会

二〇世紀資本主義の歴史Ⅰ——目　次

序章　二〇世紀資本主義の歴史をどのように理解するか

二一世紀初めの我々は、経済、社会、政治、そして世界の大きな転換点に立っている。転換の過程は摩擦や抗争、経済的危機や政治的危機を伴いながら少しずつ前進している。それは古いタイプの資本主義が新しいタイプのそれに転換する過程と捉えることができる。本書は、いま解体しつつある資本主義のタイプ、二〇世紀資本主義がどのように生まれ、構築され、成熟した姿を示し、最後に終焉の過程に行き着いたかを見さだめることを目的としている。その中で、二〇世紀資本主義のもっている基本的な性質、また固有の限界を明らかにできればと思う。

二〇世紀資本主義という場合[1]、固有の技術体系を前提に、様々な、広い意味での社会的諸要素を統合した資本主義の一つのシステムを考えている。同じようにして、一九世紀資本主義、あるいはいま生成しつつある二一世紀資本主義というシステムを考えることができよう[2]。こうした資本主義システムは単に経済関係によって動かされているとはいえない。確かに経済関係は強力であるが、この社会システム全体を支配しているとか、あるいは経済諸関係からの演繹によって社会システム全体を説明できるとは思えない。むしろ資本主義という社会システムは、政治と経済という相互に独立した二つの側面をもつ構成体といえよう。また社会・文化などの政治や経済の基盤も、その地域や国家における資本主義に固有の性質を与えているだろう。

資本主義の構造を捉える場合、この書物では三つの要因に視点を据えたい。一つは企業組織である。企業は資本主義の成長の動力であるから、分析の基本的な視点となる。企業はどのような経営をもち、これらの企業が競争や結合などによってどのような関係を形作っているのか。企業経営はどのような労働組織・雇用関係をもち、また生産と流通の関係、さらにはどのような金融システムを構築しているのか。それぞれの時代の企業組織は、技術体系や制度との関連の中で育成され、時代に固有の形態を生み出している。一九世紀に資本主義は、イギリス綿工業に典型をもつ「自由競争的産業組織」を生み出した。それは、マンチェスターに集中した中小工場群の高度に発達した分業を基礎に、専門的な商業資本の強力な媒介によって組織されていた。一方で二〇世紀の中心的な企業組織は大型企業体 large-scale corporation である。チャンドラー（Alfred D. Chandler Jr.）をはじめとする経営史研究は大型企業体の構造や性質を明らかにしてきた[3]。それは大規模資本投資によって大量生産・大量流通を実現し、多様な事業単位を階層的経営組織によって管理運営する。この企業組織こそ二〇世紀の経済成長の原動力であり、同時に二〇世紀資本主義の基本的特徴の一つである。

第二の要因は国民国家である。国民国家は資本主義の政治システムであり、社会を編成し、社会経済秩序を設定している。国民的経済制度や経済政策もまた同様である。社会的諸利害、経済的諸利害は直接の政治過程を通じて編成され、統合されるが、この過程は通常一定の方法（指導理念など）や体制（君主制、議会制など）に従っている。国民国家にとっては、経済的合理性を追求することと、社会的均衡を図り社会的安定を導くことは、いずれも基本的課題であり、両者の間に常に緊張と対立があった。これまで資本主義の経済発展は、その段階や局面に応じて、社会経済秩序を革新してきた。秩序の革新は、新しい制度・政策の設定であると同時に、古いものの破壊や再編という「創造的破壊」の過程であったが、それは社会的意思決定をめぐる政治闘争を生み出した。こうした政治過程の帰結として、国ごとに固有の社会経済秩序が形成されるが、そこには国際的に見て同時代的な共通性も刻み込まれている。

二〇世紀国家は、いうまでもなく、一九世紀の国家タイプとは大きく異なっている。一九世紀国家は、成熟期のイギリスに見るように、すぐれて階級国家であった。地主と新興のブルジョワからなる少数の有産階級が支配階級であり、人口の大多数を占める労働者あるいは無産階級は一部を除いて政治的権利を認められていなかった。政治指導者は貴族で地方名望家の地主からなり、政治を動かす理念は個人主義と自由主義に基づいていた。一方で二〇世紀国家は福祉国家と表現されることが多い。「福祉」は国家目的を表すものであるが、二〇世紀国家は大胆な所得再分配を伴う社会保障だけでなく、これと連携して雇用の確保（不況克服）、経済成長を目的として設定した。こうした目的を実現するため、国家は直接的に社会的機能と経済的機能を取り込み、政治的・経済的に強大な権力を集中した。国民的共同体としての国家、その組織性・計画性が統合のイデオロギーとなり、コーポラティズムと政治的民主主義が権力集中を支えた。

視点を据える第三の要因は、世界システムである。世界システムは国際政治と世界経済の両面をもつが、いったん成立すると、他の要因を規制する独立の要因となる。資本主義世界システムは世界経済を基盤として発展した。世界経済は、国家・民族・文化を越えた、世界的な分業体系を表している。地理上の「発見」のあと、ヨーロッパを中心とした世界経済が成長し、イギリス産業革命と一九世紀の資本主義発展は、独立あるいは孤立していた地域を次々と統合していき、二〇世紀初めには地球を包括する世界経済、グローバル経済が成立した。世界システムはある時代に固有の構造をもっている。構造把握のためには、中心（中核）

と周辺、あるいは中心・半周辺・周辺というウォラーステイン（Immanuel Wallerstein）の視点が大切である。[4]
注意すべきは、経済的機能の分化に対応して、国際政治における国民国家の位置、序列も決まってくることである。各国民国家はこのような国際的地位と対応して、独自の政治的・経済的な体制と行動をとる。まず中心諸国には、先端的・高付加価値の工業生産および貿易と国際金融の中心機能が集中し、これに付帯して情報、科学技術の中心的機能、さらには強力な政治的・軍事的能力が形成される。これに対して周辺地域では原料・食料や低位工業製品の、中心への供給が支配的であり、低所得水準と国家の低い社会的統合能力、政治的・軍事的能力が特徴的である。こうした状況の下で、周辺地域から「工業化」などの手段によって中心への運動、求心運動が起こり、半周辺諸国が形成されるが、その反面、中心諸国からは経済的・政治的圧力、遠心作用も加わる。また中心諸国の中には世界システム全体の調整・制御を担う基軸国が登場する。それは通常、国際政治体制における覇権を同時に把握している。一九世紀の基軸国はイギリスであった。周知のように、イギリスは産業革命とヨーロッパ戦争の勝利、さらには一九世紀第三四半期に自由貿易体制によって、基軸国の地位とイギリスの平和 Pax Britannica を確立した。しかし一九世紀末から、世界システムの転換が始まる。そして二つの世界戦争を通じて、アメリカ合衆国が世界経済の基軸と同時に国際政治体制における覇権を確立するのである。こうした転換は同時に、国際秩序のあり方に大きな変化をもたらした。国民国家が唯一の権利主体である状況は、国際関係だけでなく、国内問題にまで、国際的な制約・調整・介入を許容する方向へ修正され、国際連盟や国際連合をはじめとする、一連の国際機関が設立された。
以上三つの要因は、世界経済の成長と稠密化、グローバル経済の進展を底流としながら、それぞれが独立の要因として歴史過程を形作っていく。これらの要因は相互に強く関係し合い、ある時には対立し混乱を引き起こす。しかし数多くの制度や政策の設定によって、やがてこれらの要因は相互に接合され、一つのシステムを形成していく。一九世紀資本主義についても、また二〇世紀資本主義についても、システムとしての資本主義はこのようにして成立したと考えられる。一九世紀資本主義、同様にまた二〇世紀資本主義はいずれも一挙に成立したものではない。それぞれが生成し、成熟し、そして消滅する発展の歴史をもっている。しかも興味深いことに、両者は共通する発展の軌跡をもっている。いずれの場合にも、対応する四つの時期、局面に区分できる。最初の二つの局面は、新しい資本主義の核や成長パターンが登場、あるいは出現する局面、phase of emergence と、こうした新しい要因が経済と政治を全体的に組み替える、あるいは構築する第二の局面、phase of conversion or construction である。第三局面は、一つの資本主義システムが成立し、技術的に制度的に、また国際的により完成された基盤の上に、世界的規模で経済的成長が達成される、資本主義の成熟の局面、phase of maturity である。そして最後の局面は、古い資本主義システムが様々な面で限界を露呈し、新しい資本主義の模索と再編成が試みられる局面、phase of reorganization である。(5)

一九世紀資本主義について、時期的に見ると、一七八〇年頃から一八一五年、一八一五年から一八五〇年、一八五〇年から一八七三年、および一八七三年から一八九五・九六年に区分できる。第一局面はイギリス産業革命の進展、第二局面はナポレオン戦争後の国内政策・対外政策をめぐる抗争を特徴としており、第三局面は自由貿易体制と運輸革命による世界経済の拡張の時代であり、最後の局面は一九世紀末の大不況期である。こうした局面交替は、コンドラティエフ（Nikolai D. Kondrat'ev）やシュンペーター（Joseph Alois Schumpeter）が提起した長期波動 long waves を想起させる。(6) 長期波動の二つの組み合わせが、上記の四つの局面交替と重なるのである。一つの長期波動は二つの局面に分かれるが、各波動の最初の局面はそれに続く局面に対して、経済成長率が相対的に高い傾向にある（より短期的な変動（キチン循環やジュグラー循環）はこうした波動の構成要素であるが、ここでは考慮の外に置いている）。同様のことが二〇世紀資本主義についてもいえる。一八九五・九六年から一九一四年、一九一四年から一九五〇年、一九五〇年から一九七三年、および一九七三年から一九九五年ごろという四つの局面である。この区分は、始点と終点を新たに設定した他は、OECDの統計研究者マディソン（Angus Maddison）の時期区分と一致している[7]。第一局面は大型企業体が登場し、米独に工業的中心が形成される局面であり、第二局面は戦間期の新秩序形成をめぐる抗争の時代である。そして第三局面は二〇世紀資本主義システムが成立し、高成長期、「資本主義の黄金時代」が実現する時代であるのに対して、第四局面はインフレーションとブレトンウッズ体制の崩壊に始まり、各国の改革と世界経済の構造転換が進む時期となった。

本書、『二〇世紀資本主義の歴史』では、多様な選択の中で、国ごとに異なった形態をとりながら、二〇世紀資本主義というシステムがたどった、一世紀にわたる歴史過程を概括してみたい。本書は試論的なものであり、方法的に、また事実認識において、まだ多くの問題を残している。読者の多面的な批判を期待している。本書の全体構成は、先に述べた局面交替に沿って、第Ⅰ部「二〇世紀資本主義の出現」、第Ⅱ部「二〇世紀資本主義の構築」、第Ⅲ部「二〇世紀資本主義の成熟」、および第Ⅳ部「二〇世紀資本主義の再編」を計画している。ここに刊行する書物は、その序章と第Ⅰ部である。ここでは、二〇世紀資本主義を構成する新しい要因がどのように企業組織、国家機能、および世界システムに展開されたかを問題にする。

第Ⅰ部　二〇世紀資本主義の出現

第*1*章　二〇世紀資本主義のブレイクスルー

一八九五年ないしは一八九六年は経済史的に見て大きな転換点である。それは決して特定の政治的な事件に結びついてはいないが、これ以後一九一四年の第一次世界大戦の勃発までの時期は、新しいタイプの資本主義、我々がいうところの二〇世紀資本主義の出現期であり、その第一局面である。この局面では、世界経済は多くの摩擦を伴いながらも拡張し、各国は全体的に高い成長を享受した。そして二〇世紀資本主義を構成する、経済的、政治的核が登場し、大きな影響力を発揮し始める。この章の目的は、問題の局面の成長と循環を概観することであるが、その前に、問題の局面に先立つ一九世紀末大不況について簡単に触れておこう。

(1) 一九世紀末大不況

一八七三年にオーストリア・ドイツとアメリカ合衆国を起点とする世界恐慌が起こった。一九世紀においては、中期的景気循環、あるいはジュグラー循環は、ほぼ七～一〇年の周期で好況、不況を繰り返し、好況から不況への転換点では恐慌を伴うのが常であった。ただ一八七三年恐慌は、それまでの恐慌がイギリスを起点としたのに対して、オーストリア・ドイツおよび合衆国という新興国が起点であり、加えて一八九四・九五年まで続く一九世紀末大不況の起点となった。研究史において「一九世紀末大不況」という表現と時代設定には議論がある。いまではより広く国際的現象として使われることがあるが、「大不況」the Great Depression という表現は、もともとイギリスで同時代の人々が用いていたものであった。同時代の人々は、かなり広く不況感をもっていたと思われ、「大不況」という言葉は定着していた。そして議会では一八八五年の「貿易および産業の不況に関する王立委員会」など、いくつかの調査委員会が設立されている。しかし不況の事実は、多数意見に従えば肯定されなかった。おそらく「不況」という言葉は、景気循環における恐慌後の、金融的緊迫、倒産、売上の減少などという状況を想起させたからであろう。またこの時期に関する古典的研究を発表したビールズ（H. L. Beales）も、大不況というのは一つの神話に過ぎないとし、この言葉を否定している。[1]

ただビールズは「大きな困難の環境における進歩の一時期」[2]として、大不況期をある特徴をもつ、まとまった時期と考えている。彼は、以前の繁栄期に比較して、この時期に企業利潤の低下があったとしている。実際に、この時期が経済発展の一つのまとまった局面であり、一九世紀第三四半期の繁栄の局面から転換があったことは、様々な点から明瞭である。この時期を通じての物価と利子率の低下はこのことを示している。イギリスの物価指数とコンソル公債（元金償還義務のないイギリス政府長期公債）の利回りの変動を見ると、[3]一八七〇年代初めから九〇年代半ばまで一貫して低下傾向を示している（図1－1参照）。物価は一八七三年恐慌以降、いくつかの小さな波を描きながら低下傾向を続け、一八八〇年代半ば、あるいは九〇年代半ばに深い谷間に低落している。利子率もまた全体として低下傾向にあるが、低下は八〇年代後半から九〇年代末

図 1-1　物価指数と利子率

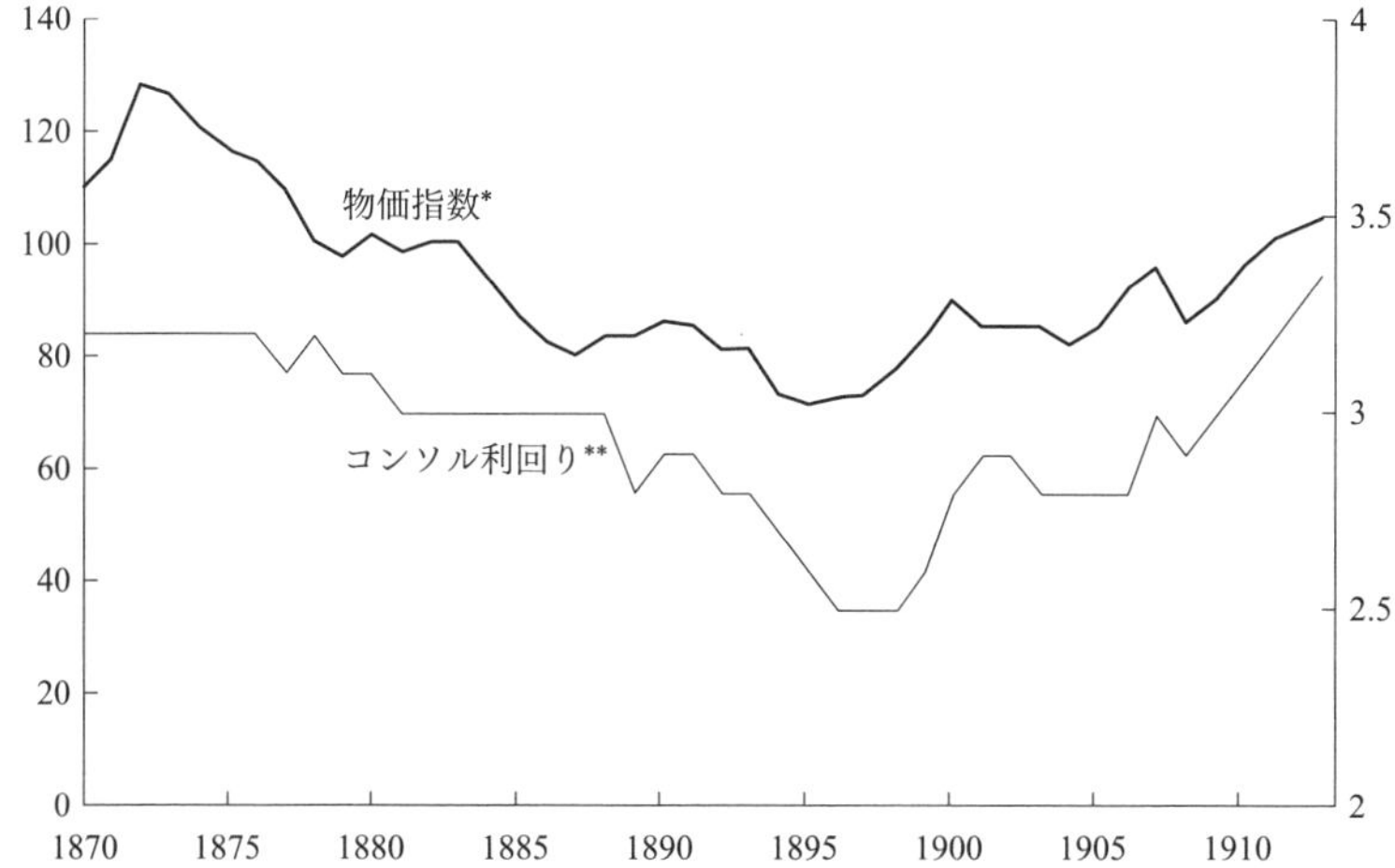

*　左目盛：1865-1885 年の平均＝100。The Rousseaux Price Indices, B. R. Mitchell, *Abstract of British Historical Statistics*, Cambridge, 1962, pp. 472-473.

**　右目盛：パーセント。Yield of Consols, *ibid.*, p. 455.

まで著しい。問題の時期は工業の不況に始まり、八〇年代に農業部門の不況へとつながっていったが、物価の下落や長期利子率の低迷から、時期を通じて収益見通しや投資機会が浮揚的でなく、不況感の原因となったことがうかがえる。

この大不況期に中期的な景気循環は二・五回あった。一八七三年恐慌の後、一八七九年まで不況が続き、ようやく一八八〇年から一八八二年に二年余りの好況があったが、それは一八八三年恐慌から一八八七年までの不況に反転する。一八八八年から一八九〇年に好況が出現したが、いわゆる「ベアリング恐慌」により一八九一年から一八九四年の間は不況が続いた。それぞれの循環を見ると、問題の時期は長く深い不況と短く浅い好況という特徴をもっている。シュピートホフ（Arthur Spiethoff）はドイツの状況を念頭において一八七四年から一八九四年までの二一年間のうち、六好況年に対して実に一五不況年の存在を確認した(4)。

表 1-1　経済成長率の長期変動

	イギリス	フランス	ドイツ	合衆国
1870–1873	2.64	0.55	3.54	4.53
1874–1894	1.80	1.86	2.34	3.50
1895–1913	1.94	1.76	3.27	4.57

図 1-2　経済成長率の長期変動

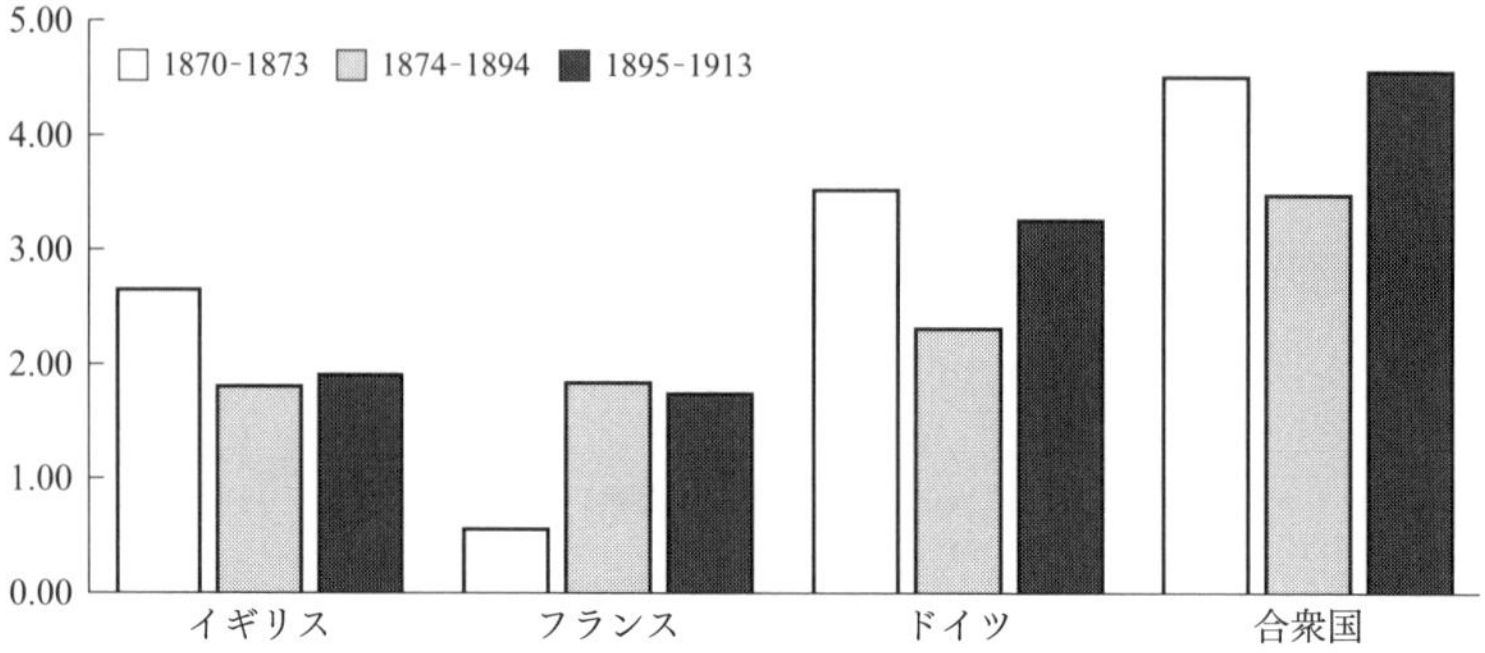

Angus Madison, *Monitoring the World Economy 1820–1992*, OECD, 1995.

彼はこれらの景気循環を吟味した上で、この二一年を「不振期間」Stockungsspanne と名づけている。

経済成長率はどうであったろうか。いまマディソンに従って、問題の時期の平均成長率（実質）を主要四カ国について見てみよう（表1－1および図1－2参照）。いずれの国についても経済成長は全体として持続している。イギリスとフランスは低く、年一・八％程度であるが、ドイツ、合衆国はかなり高く、前者は二・三％、後者は、移民による人口増の影響を考慮しなくてはならないにしろ、三・五％という高成長を示している。ただ各国別に前後の時期と比較すると、フランスを除いて、いずれの国も問題の時期は成長率の低下が見て取れる。この表と図では統計データの関係で前の時期は一八七〇年から一八七三年までに限定されているが、これをより長期に、例えば一八五〇年から一八七三年までと対比しても、上記と同じ結論が導かれるであろう⑸。

以上のように、「大不況期」は一つのまとまった時期であり、それは一九世紀の第三四半期の繁栄局面と対比すると、不況年の多い、全体として経済成長率の鈍化した局面と考えることができよう。なぜこのような局面が現れ、またどうして一九世紀第三四半期からの局面交替が起こったのであろうか。こうした点については、以下の諸章で触れることができるので、ここでは次のことだけを指摘しておきたい。大不況期は、一九世紀資本主義と二〇世紀資本主義の分水嶺といえる時期である。それは、産業革命以来、世界を牽引してきたイギリスの成長パターンが、技術的にも、企業組織においても、またそれを支えてきた制度・政策においても、多くの点で限界を示したこと、世界的な開発と輸送コストの低減により、世界の食料・原料供給が工業生産需要を上回る勢いで増大したことが主要な要因である。確かに技術革新や新しい企業組織など、次代を担う成長のいくつかの核が生まれていたが、まだ経済を全体として牽引する力がなかった。また貨幣供給の面でも制約が加わった。金本位制へ移行する国が増大し、金需要が増大する中で、世界の金生産が、一八八〇年代前半には年平均一五五トンと、一八六〇年代に比して八〇％程度にまで落ち込んでいたのである。

(2) 二〇世紀資本主義の第一局面

一八九五・九六年から第一次世界大戦までの一九年ないし二〇年は、全体として世界的に高い経済成長が見られた時代である。この時代は二〇世紀資本主義が出現し、経済成長を牽引した最初の局面であり、一つのまとまった期間ということができよう。シュピートホフは一八九五年から一九一三年までを「繁栄期間」

Aufschwungsspanne としている。[6] この期間に景気循環は二・五回あったが、不況年は二年が二回あっただけで、好況年は六年、五年、四年と合計一五年にも達した。先に挙げたイギリスの物価および利子率の変動（図１－１）においても、この期間は循環の波を伴いながらも、全体として上昇傾向にあった。後で述べるように、第一次世界大戦直前には、ドイツをはじめとしてヨーロッパ諸国の多くで、物価や利子率の上昇が指摘されている。また経済成長率を見ても、この時期に一九世紀末大不況からの反転が明瞭である（表１－１、図１－２）。とくに合衆国とドイツの平均成長率は、四・六％、三・三％であり、イギリスやフランスのそれ（一・九％および一・八％）を大きく凌駕していることに注目する必要がある。合衆国とドイツは、この時期の世界経済の高成長の最大の牽引力であった。以下、景気循環の状況を追いながら、この局面の特徴を概観しておきたい。

第一局面の始点、あるいは大不況期からの転換点は、一八九五・九六年に置くことができる。この画期は特定の政治的事件によるものでなく、すぐれて経済的な変動に基づいている。一八九五・九六年にドイツとイギリスにおいて、好況に向かう景気循環が始まり、これが長期の「繁栄期間」に導いた。シュピートホフは、一八九五年にドイツで株式投資の増大、信用銀行の貸出や手形引受けの増大があり、このことは国際的有価証券統計においても確認できるとし、この年を疑いもなく好況年であるとしている。また一八九六年にはイギリスおよびドイツで市場金利の上昇が始まり、ドイツでは次の年にかけて著しく生産・消費の増加があったとしている。この好況は一九〇〇年まで持続したが、ドイツが、イギリスと連携しながら、第一局面への転換を先導したと見ることができる。ドイツは一八九〇年代初めに「新航路政策」に転換し、中欧諸国と次々と通商条約を締結し、工業製品輸出の拡大を図った。こうした世界政策への転換に、ドイツの躍進の背景を見ることができよう。一方合衆国やフランスは不況の脱出において、ドイツやイギリスに比して遅れた。合衆国の景気は、一八九七年まで一進一退を繰り返していたが、ようやく一八九八年以降、景気の際立った上昇が見られた。ここでも大きな政策転換があった。共和党のマッキンリー（William McKinley）が大統領に選出され、長く続いた政治的不安定が解消され、政策的には一八九七年のディングリー関税法が成立し、工業国としての輸出戦略が設定されるとともに、一九〇〇年の金本位制確立への道が切り拓かれた。世界的に見て、物価は、工業品・農産物の両者とも、一八九七年ごろまで低水準から脱却できなかったが、一八九八年から世界の景気は全体的な高揚期に入った。生産・消費、物価、利子率、国際貿易などすべての経済指標が急速な上昇を示した。シュンペーターが第三のコンドラティエフの波を一八九八年に始まるとした根拠はこの点にあったと思われる。

しかし一九〇〇年に恐慌が起こった。ヨーロッパを中心とした循環性の恐慌である。電気産業や小規模鉄道において過剰投資が見られ、多くの企業で困難な状況が発生した。ドイツでは抵当銀行業で過剰評価と過剰貸出が大規模に見られた。一八九九年末にはすでに「資本欠乏」の兆候が支配的になった。金利は長期・短期とも上昇した。イングランド銀行は一八九九年一一月三〇日には公定金利 Bank Rate を六%まで引き上げ、ドイツのライヒスバンクは同年一二月一九日に七%に引き上げた。景気後退は一九〇二年まで続いた。ただ合衆国の好景気は一九〇三年まで続き、これはヨーロッパの不況を緩和するのに貢献した。合衆国向けに、鉄輸出をはじめとして、工業生産輸出が拡大したからである。一九〇三年には新たな好況が始まった。合衆国で一九〇四年に小さな景気後退があったが、一九〇五年以降、国際的に景気の高揚が同調して起こった。信用拡張と景気の過熱は、とりわけ合衆国で激しく進行した。とくに一九〇六年の秋以降は、合衆国の景気高揚がヨーロッパ金融市場を緊張させた。そして一九〇七年一〇月に合衆国で恐慌が起こり、数多くの銀行が支払いを停止した。合衆国には中央銀行制度がなく、「最後の貸し手」の役割はロンドンに求められた。イングランド銀行は公定金利を一一月七日に一八七三年以来初めて七％に引き上げた。ヨーロッパからの膨大な金流出が続き、国際金融市場は崩壊の危機にさらされた。衝撃はヨーロッパ、そして全世界へ広がった。ドイツのライヒスバンクはイングランド銀行の公定金利引き上げにすぐさま対応し、一一月八日に公定金利を七・五％に引き上げ、諸銀行と連携して短期資金の流出を防ぐ措置をとった。

一九〇七年恐慌後の不況は短期に終わり、再び好況が始まった。好況は一九一四年夏の第一次世界大戦の勃発まで続いた。この好況をもって、一八九五・九六年に始まる「繁栄期間」が終わる。「繁栄期間」の好況は、二回の恐慌に中断されたとはいえ、いずれも長く、力強いものであった。しかし一九一〇年に始まる最後の好況は、一九〇七年以前の二つの好況と比べると、全体的に不安定で、数多くの問題を抱えており、一九一三・一四年にははっきりとした陰りを示していた。経済面では、二つの大きな問題が出現していた。一つは物価の一般的な上昇傾向であった（前掲図1‐1参照）。価格上昇は工業製品よりも農産物がより急速であった。それは原料価格の上昇によって企業収益を圧迫しただけでなく、食料価格を引き上げた。生活手段の価格上昇は賃金上昇への圧力となり、労使関係を緊張させた。もう一つの大きな問題は、金融市場であった。「資本市場と貨幣市場は全好況期間を通じて極めて困難な状況に陥った。好況の初めに通常見られる長い資本の堰とめ［低い金利の期間――引用者］がなく、好況は全体的に高い金利と国債相場の低落を伴っていた。外国資本需要はすべての債権国で大きな役割を演じたが、信用は常に緊張状態にあり、何回も異常な困難を引き起こした。[7]」これからの検討課題になるが、一九〇七年恐慌以後、国際金本位制下の金融市場がもつ構造的な問題が表面化する傾向にあった。また同時に、こうした金融市場の問題は国際政治面の緊張と結びついていた。一九一一年のモロッコ危機や一九一二年のバルカン危機のような、戦争の危険をはらむ事件は、その都度、各国の金融市場を震撼させ、その不安材料であり続けた。

第2章　大型企業体の生成

資本主義経済発展の鍵は企業にある。企業概念は経済理論における資本概念より具体的で歴史的である。一九世紀の企業の基本形態とそれを中心とした企業組織は、二〇世紀のそれと対比すると、大きな差異がある。二〇世紀資本主義の核となる企業形態は大型企業体 large-scale corporations と呼びうるものである。それは単に一九世紀企業の量的拡大によって生み出されたものではなく、技術的にも制度的にも質的な変化があある。

大型企業体の研究は、チャンドラーと彼を中心としたグループによって始められた。その研究は、単なる経営史の範囲を越えて、各国の経済成長との関連と特徴にまで視点を広げていった[1]。しかし二〇世紀資本主義の歴史を構成しようとする場合にさらに多くの点の解明が必要となろう。大型企業体を起点とした企業組織、労使関係、金融組織、国家の編成と経済社会政策、世界経済の編成などの検討である。

一九世紀末から第一次世界大戦にいたる時期は、大型企業体が一九世紀的な環境の中で姿を現し、経済発展の重要な担い手となる時期である。新しいタイプの企業は、この時期に登場する新産業、電機、化学、石油、自動車などに、その創出者として登場する。電気機器ではジェネラル・エレクトリック（GE）、ウェスティングハウス（以上、米）、ジーメンス（独）、フィリップス（蘭）、化学ではデュポン（米）、BASF、バイエル、ヘキスト（以上、独）、石油ではスタンダード石油（現エクソン・モービル、米）、ロイヤル・ダッチ・シェル（英・蘭）、自動車ではフォード、ジェネラル・モーターズ（以上、米）、ベンツ（現ダイムラー・ベンツ、独）などが挙げられる。しかし一次金属や食品など既存の産業においても、大きな技術変革によって大型企業体が誕生している。アメリカ合衆国のUSスティール、アナコンダ銅、あるいはアーマー、スイフトなどのミート・パッキング企業、またドイツの製鉄、重機械におけるクルップ、マンネスマン、MANなどの企業はこうした例である。こうした先導的企業の大多数は二〇世紀を通じて強靭な生命力を発揮し、直接間接に各国の経済発展を推進し、現在なお多くが世界的企業としての地位を保持している。

一　成立の条件

大型企業体はイギリス産業革命以来の一九世紀型の企業組織に代わる新しい企業組織を生み出した。それは社会の質的な転換をも生み出し、一九世紀と二〇世紀とのある種の断絶を創り出した。大型企業体は一九世紀の企業システムの限界を突破しようとする企業活動の中で発生した。しかし、一九世紀の過程で形成された、いくつかの社会条件は、こうした企業活動の前提になり、それを呼び起こし、二〇世紀を通じて支えていく。ここではまず、このような条件のうち主要な三つについて簡単に見ておこう。

個々の産業分野における技術革新が大型企業体を生み出す重要な契機になったことはいうまでもない。しかし、一九世紀末から二〇世紀を通じて進展する技術革新には共通の性質が生まれた。それはイギリス産業革命から一九世紀を通じてあまり見られなかったものである。まず科学と技術の結合である。イギリス産業革命が生み出した技術体系は、基本的に工場現場での経験に依存していた。科学 science は技術 technology とはほとんど関係のない場所で、例えば大学や個人的な研究室で研究されていた。もちろん科学が技術の発展に影響を与えていなかったわけではない。一九世紀には独立の専門職 profession として技師 engineer が存在しており、彼らは機械を製作し、改良するとき科学的知識を活用することもあった。しかし、一九世紀終わりごろから、一つには、科学上の発見や発明が直接に生産工程に充用される事象が多くなった。当然のことながら、生産工程への充用には、設計・製作のための技術的な工夫、あるいは商業ベースに乗せるための企業の経営努力が必要であったが、化学や電気科学などの学問的な成果はますます実際の産業技術と結合していった。第二に、工学またはエンジニアリングが成立し、技術開発に、本格的な科学的方法が用いられるようになった。細分化された分野で系統的に、測定、実験、解析などという方法と理論化とを伴う研究が行われた。第三は、技術開発の制度化、組織化である。まず大きな意義をもつのは、工学が高等教育機関に導入されたことである。中世以来大学は神学、医学、哲学以外の学問分野をもたなかったが、一九世紀になって工学教育が重要視され始め、この分野の高等教育機関が成立した。もっとも先進的であったのはドイツであり、各地の工業学校の上に、すでに一八五〇年に最高の技術教育のためのベルリン工業インスティトゥートが設立され、一八七一年にはベルリン工科大学 Technische Hochschule に昇格した。ここでは設計、実習等の技術教育とともに、物理学、化学など自然科学教育もカリキュラムに取り入れられていた。その後、ドイツの数多くの都市に工科大学が樹立されていく。しかし工科大学は長く大学ランクの教育機関とは認められず、ようやく二〇世紀の初年に学位授与権を得た[2]。合衆国ではマサチューセッツ工科大学が一八六一年に設立されている（六五年開校）。工科大学は多くの学生を育成するとともに、工学研究の中心となった。また専門別の学会組織が形成され、学術雑誌が発行された。もう一つは企業の研究開発R＆Dである。二〇世紀初頭に大型企業体の多くは自身の技術開発のためR＆D組織を持っていた。GE、フィリップス、デュポンあるいはAT＆Tの研究開発は著名な例である。

大型企業体の第二の成立条件は、法人企業の普及である。法人としての株式会社は長い歴史をもつが、制度として一般的に確立するのは、一九世紀半ば以降である。この「株式会社の自由」と表現された改革は、一つには免許主義から準則主義への転換、もう一つは有限責任制度の確立に見られる。イギリスは株式会社の自由に関してもっとも厳格な国であった[3]。イギリスでは、法人としての株式会社は、国王の特許状、あるいは議会制定法による以外は長く認められなかった。東インド会社やイングランド銀行のような株式会社は、「特許会社」chartered companyであり、公的な性格をもち、様々な独占権と結びついていた。勝手に株式会社を名乗ったり、株式を発行譲渡することは、南海泡沫会社事件を契機に制定された一七二〇年の「泡沫会社法」Bubble Actによって重犯罪として処罰された。この泡沫法が廃止されたのはようやく一八二五年になってのことであった。産業革命の進展によって、事業規模が拡大し、資本集中の必要性が高まり、株式会社を組織する企業が着実に増加した。しかし司法も行政も、法人としての株式会社を正式認可の場合に限り、そうでない場合は単なるパートナーシップ（合名企業）と判断し、社員＝株主の個人責任を追及したので、混乱が起こった。ようやく一八四四年の「株式会社登記・調整法」The Joint Stock Companies Registration and Regulation Actは、二五名以上の社員をもち、株式の自由譲渡を行う、すべての会社に登記を義務づけ、定められた要件を満たす場合には、有限責任を除く、法人としてのすべての権限を与えることとした。しかし、有限責任を認めるか否かを決するまでにさらに一〇年を要した。会社の債務は会社資産の範囲でのみ支払われ、役員の個人資産にまでは及ばないという原則は、個人主義的な秩序概念からすれば許されざることであった。しかし一八五五年に、契約の自由の立場から、完全な法人としての株式会社がついに認められた。そして一八六二年にイギリス会社法は「一般有限責任」general limited liability の原則を確立した。

イギリス以外の国では、それほど厳格な規制は存在しなかった。[4] 免許については比較的緩やかに与えられたし、有限責任についても実質的に認められることがあった。ただ、本格的な株式会社の自由は一九世紀の後半になってから成立した。フランスでは、一八〇七年制定の商法典（ナポレオン法典）が世界で初めて株式会社に対して有限責任と株式の自由譲渡とを規定した。しかし実際に広く見られたのは、「合資会社」société en commandite の結成であった。ようやく一八六三年と一八六七年の会社法によって、株式会社に準則主義による認可と有限責任とが認められ、株式会社展開の法的基礎が与えられた。ドイツでは、一八六二年のドイツ一般商法によって株式会社の有限責任などの法的な規定が制定され、一八七〇年法が準則主義を認めたことによって株式会社の自由が成立した。さらに一八九二年に株式を分割・譲渡しない法人企業として「有限責任会社」Gesellschaft mit beschränkter Haftung を認めて、会社結成をより容易にしている。合衆国では各州が会社法を制定した。すでに一八一一年にニューヨーク州は製造業の株式会社設立に関する、極めて自由な会社法を制定した。他の州でもこれに倣って、同様な会社法が制定されている。また株式会社と有限責任とは早くから結びつけられていた。ただ銀行、保険、運河、道路など公共性の高い株式会社は通常、特許状や特別州法によって設立されるのが常であった。一九世紀後半に次第に、こうした事業も一般会社法の規定に従うようになった。そして一九世紀末、とくに一八九〇年代には、各州は競争して、株式会社の自由の一般原則を確立していった。ただし、以上のような株式会社の法的制度はそのまま企業形態としての株式会社を一般化したわけではない。製造業を中心として、中小規模企業が支配する部門では普及が遅れたし、同じ理由で合衆国やドイツに比してイギリスやフランスでは株式会社化は進まなかった。

大型企業体の成立の第三の条件は、経済的基礎構造、あるいは広い意味における「インフラストラクチャー」の形成である。これはまず、鉄道、蒸気船、電信に示される運輸革命の成果によって、次いで諸銀行、証券市場などによる国民的・国際的金融網の成立によって生み出された。先に述べた株式会社の自由は一九世紀後半のこうした基礎構造の形成に大きく貢献した。鉄道、海運、電信などの事業は大規模な資本集中を要し、株式会社制度を不可欠としていた。一九世紀第三四半期に西ヨーロッパ、合衆国では鉄道網が構築され、鉄道建設はさらに周辺地域へと進んでいった。大型企業体の経営組織の成立に際して鉄道が占める大きな意義については、チャンドラーが強調したところである(5)。また鉄道とともに、安価で大量の海上輸送、電信による即時の情報伝達は、内陸地域のみならず地球上の各地を結ぶ、ネットワークを築いていった。こうした「もの」、「ひと」、「情報」のネットワークは、これらを創出し媒介する「かね」、金融システムを必要とした。各国で預金銀行や投資銀行（証券会社）などの銀行組織とともに、証券市場が形成され、またこれらを国民的に調整・管理する、中央銀行などの通貨当局が組織された。さらに、こうした国民的・地方的金融市場をつなぎ合わせる国際金融市場が生まれた。いうまでもなく、国際金融市場の支えは国際通貨体制である。一九世紀半ばには、まだイギリスのように金本位制をとる国は少なく、銀本位制ないしは金銀複本位制の国がほとんどであったが、一八七〇年以降銀価値の傾向的な低落の中で、ドイツ、合衆国、フランスのような大国が実質的に金本位制をとり、次第に国際金本位制の方向に進んだ。そして九〇年代に入り、大多数の国が金本位制ないしは金為替本位制に移行したことにより、国際金本位制が成立した。これは為替の安定と国際的資本移動を容易にし、国際金融市場の自由を支えたのである。

以上のような一般的な成立条件は、大型企業体が生成する環境を準備したが、新しい企業体の生成をそれ自体で説明するものではない。しかし一九世紀末の欧米の中心資本主義諸国ではどこでも、一応こうした成立条件が用意されていた。しかし大型企業体の生成は国により早さや広がりを異にしていた。よくいわれているように、古い工業国のイギリスやフランスに対して、合衆国やドイツはこの点では圧倒的な優位を示している。大型企業体は、技術と組織における革新であり、従来のそれらとの間には断絶があった。古い企業組織が成熟した技術や生産・流通組織を築き上げ、高い効率と安定を得ている場合に、新しい企業形態に転換することは容易ではない。一九世紀型の産業組織を構築したイギリスにしても、またフランスにしても、大不況期以降の経済成長は鈍化したものの継続していたし、九〇年代以降の世界的な高揚期には目に見える活況があった。大きな行き詰りはようやく戦間期に現れた。他方、合衆国やドイツには、大型企業体を創出する上で好適な、大規模資本集中の可能性、高度な技術基盤、社会的受容能力があった。ただし、合衆国とドイツの間ではそれぞれの条件を満たす仕方が多くの面で異なっていた。合衆国では、早くから互換性部品製造における技術の蓄積があり、これこそが大量生産方式を生み出す基礎となった。ハウンシェル（David A. Hounshell）はフォード・システムに見られる大量生産方式は合衆国固有のものと考えている。[6] ハバカク（H.J. Habakkuk）はこうした技術基盤を移民国合衆国の熟練労働者の欠乏という点から説明しようとした。[7] しかし、合衆国の優位は技術面だけでなく、広大な国内市場、また制度・政策など多面的に検討される必要がある。

一方、ドイツでは、科学研究を技術開発に結びつける組織的な努力があった。化学や電気の分野において、それはとくに傑出していた。またヨーロッパの中では企業が先進的な技術と経営をいち早く取り入れ発展させる受容能力をもち、さらには企業の組織化をバックアップする国家があった。

二　技術と企業組織

よく知られているように、大型企業体は、大量生産・流通による生産コストや流通コストの大幅な削減を基礎として成立した。チャンドラーがいうように、そこには「規模の経済」とともに「範囲の経済」による大量生産・流通も含まれる。生産においては、同一商品の大量生産だけではなく、多種類の製品の生産統合を含んでいる。また流通においては、大量の商品の流通だけでなく、多種類の商品の流通統合をも含むのである。こうした大量生産・流通、従ってまた大型企業体を生み出した要因は何であったろうか。それは技術革新と企業の組織化という二つの要因、あるいは両者の結びつきということができる。ここでは大型企業体生成の代表的な例を、素材産業の製鉄と化学、機械製作における電気機器と自動車、エネルギーにおける電力と石油について、簡単に考察してみよう。(8)

(1) 製鉄と化学

製鉄における技術革新は、大量製鋼法の完成であった。大量製鋼法は、ベッセマー転炉法（一八五五年）、ジーメンス＝マルタン平炉法（一八六四年）、およびトーマス塩基性法（一八七九年）によって達成された。これらは鉄の組成・反応に関する冶金学の発展を基礎としている。[9] イギリス産業革命以来、製鉄の精錬工程を支配してきたパドル法による錬鉄生産は、鋼の生産に取って代わられることになった。錬鉄に対する鋼の品質上の優位とともに、パドル法に対する大量製鋼法の生産効率上の圧倒的優位があった。[10] しかし技術革新から最大限の成果を取り出したのは、主に合衆国とドイツの製鉄企業であった。合衆国ではカーネギー製鋼の例がもっとも有名であろう。カーネギー（Andrew Carnegie）は、鉄道経営者として成功を収めていたが、一八七〇年代初めに、合衆国では最初のベッセマー転炉の一つを建設し、製鉄業に転進した。[11] これはすぐに製鉄三分化工程（製銑・精錬・圧延）を統合する一貫経営に組織された。転炉法あるいは平炉法による大量製鋼は、大型高炉による銑鉄の安定的な供給を要求するとともに、鋼材の加工のための大型圧延装置を要求するからである。こうした垂直統合は、同時に運送費、エネルギーの節約とも結びついた。カーネギーはさらに石炭と鉄鉱石の供給確保に進んだ。一八八二年にフリック（H. C. Frick）と提携し、ペンシルヴェニア・コーネスヴィルの巨大炭田を傘下に置き、また一八九〇年代にはスペリオル湖岸の広大な鉄鉱床を支配した。そして原料・製品の輸送システムを完成するため、鉄道業のみならず海運業にも進出している。カーネギー製鋼は、こうした強力な垂直統合によって、合衆国最大の製鉄企業に成長した。一九〇一年、カーネギー製鋼は、数多くの製鉄・鉄加工企業と合同して、USスティールに再編される。市場支配がその際の大きな動機であった。

ドイツでは、クルップ、ボフマー・フェライン、グーテホフヌングスヒュッテなど、ルール地帯に叢生していた製鉄企業は、早くから大量製鋼への転換を図っていたが、ベッセマー法に適する鉄鉱石に恵まれなかったため、イギリス銑鉄に依存せざるをえず、競争上不利な立場にあった。[12] しかし、一八七九年の鉄鋼関税の導入とフランス国境沿いの広大なミネッテ鉱床の利用を可能にするトーマス法の導入とによって、強力な発展の基盤を得た。ドイツでも一貫製鉄経営は早くから現れており、それは炭鉱や鉄鉱山などの支配に広がっていった。ここでも垂直統合の一般的傾向を見ることができる。世界的に鋼生産は一八八〇年代後半に錬鉄生産を上回り、二〇世紀初頭には可鍛鉄生産のほとんどを支配するようになる。これまでの製鉄王国であったイギリスは、初期には鋼生産においても優位を保持していた。一八七五年の時点で、イギリスの鋼の生産は七二万四千トンで、ドイツの三四万七千トン、合衆国の三九万八千トンをはるかに凌駕していた。しかし一八九五年、すなわち二〇年後には、イギリスの産出は三三一万二千トン、約四・六倍に増加していたが、ドイツは二八三万トン、約八・二倍、合衆国は六二一万三千トン、約一五・六倍という著しい速度で成長していた。そして第一次世界大戦直前には、イギリスは合衆国の二分の一以下にとどまり、ドイツにもかなりの差をつけられていた。

化学工業は、科学研究が生産技術に直結した典型的な例である。また、ある種の原料素材あるいは製造法を起点として、多種・多様な製品が開発され、「範囲の経済」を実現した顕著な例である。産業革命以来、ルブラン法によるソーダ製造を中心とした化学工業が発展してきたが、一八五〇〜六〇年代に大きな転換が起こった。一つはソルヴェー（Ernest Solvay）によるソーダ製造の革新——塩水を炭酸ガスとアンモニアで反応させる方法で、エネルギーコストの軽減と環境汚染の防止に役立つ——であり、もう一つはパーキン（William Henry Perkin）による合成染料、紫アニリン染料 mauve の発明であった。後者はコールタールを原料とした一連の染料開発、さらには医薬品や肥料などの開発の起点となった。こうした科学研究は企業化に結びついた。ドイツを代表するＢＡＳＦ、バイエル、ヘキストはタール染料の開発から化学工業の大型企業体に成長した。これらの企業は、最初から化学者、科学研究と密接に結びついていた。それは早くから企業内の研究機関、「中央研究室」Zentrallaboratorium を設立し、大学等の協力を得ながら、企業内の研究開発Ｒ＆Ｄを実行した。こうした傾向は一八八〇年代から急速に進んだ。大学や工科大学からの学生の供給はこの傾向を助けた。一九一四年には僅か二〇の企業にドイツの化学者総数の一八％、一六二三人が就業していたといわれる。[13] 研究開発は工場設備と並んで大規模資本投資の対象となった。もちろん企業の大型化は、多種多様な製品や製造方法の発展、あるいはまた原料としての無機薬品の製造や販売組織の形成によっても促進された。また二〇世紀に入ると、染料以外への新分野への進出が、アンモニア合成や電解法などの製造法とともに急速に進展する。ドイツ化学工業の成長は目覚しく、第一次世界大戦直前には染料、医薬品など有機化学の分野で世界に独占的地位を築き、無機化学の分野でも優位に立った。一方で合衆国の化学工業もまた大型企業体の形成に向かった。デュポン（Du Pont）は長い伝統をもつ火薬メーカーであったが、一九世紀末から製品の多様化を進め、多くの企業の併合によって、総合化学メーカーとして成長した。電解法による漂白剤生産に始まるダウ・ケミカル（Dow Chemical）や第一世界大戦中の大型合併によるユニオン・カーバイド（Union Carbide & Carbon）など、数多くの総合化学メーカーが設立された。こうした総合化学企業への傾向に、ドイツ化学工業は大きな影響を及ぼした。

（2）電気機器と自動車

広い意味における機器製作における大型企業体の生成の端的な例は、電気機器産業と自動車産業であろう。[14]

電気機器産業は、発電や送電の技術の開発と並行する様々な電気利用の開発によって形成された。こうした過程が、ファラデー（Michel Faraday）らの電気科学の発展を基礎としていたことはいうまでもない。発電機は一八七〇年代初めにベルギーのグラム（Zénobe-Théophile Gramme）やドイツとイギリスでジーメンス兄弟（Werner and Carl Wilhelm Siemens）によって実用化の道が切り拓かれた。そして変圧器の発明、高圧送電の開発、中央発電所の建設などにより、一八九〇年代に入ると各国で次々に電力供給システムが構築されていった。これと並行して電力利用も新たな分野を開拓していった。電灯の普及に関しては、一八七七年にエディソン（Thomas Alva Edison）による、カーボンフィラメント電球の完成と企業化の実現が有名である。また電動モーターは原理的に共通する発電機とともに開発された。合衆国では、エディソンの他にトムソン（Elihu Tompson）、ウェスティングハウス（George Westinghouse）らの発明家が企業化の先頭に立った。この産業の発展は、発電、送電から多様な消費用途まで、電圧、周期、あるいは各種部品について統一的な規格、システムを要求する。また化学工業と同様、競争力はまず企業の研究開発に依存するが、同時に製品系列やシステムを補完し完成するためには、他企業がもつ様々な特許や技術能力を統合する必要がある。生産・販売体制の合理的再編とも結びついて、こうした契機は電気機器産業における急激な集中、寡占化を生み出した。合衆国では、ＧＥとウェスティングハウスという二大企業体制が一八九〇年代に成立する。一八九六年の両者のクロスライセンス協定はこのことの一つの表示である。この合衆国に対抗できる企業はドイツで形成された。エミール・ラーテナウ（Emil Rathenau）のＡＥＧとジーメンスの二つの企業はドイツで寡占体制を作り上げた。ＡＥＧの名称がＧＥに倣って付けられているように、ドイツの電気機器産業は初期には合衆国の技術と経営方式の導入によって成立した。しかし、やがてヨーロッパ全体を影響下に置く大型企業体に成長していった。この産業は実に多くの分野に進出する。電車、昇降機などの運輸手段、工作機械、印刷機、電動機や電気炉などの機械・生産装置、冷蔵庫、暖房機、ラジオなどの家庭電気機器など、早くから無限の広がりを示した。

自動車産業は、一九世紀末の様々な技術開発を総合し、これを生産工程化することによって二〇世紀初めに確立した。これまで見てきた諸産業と比較すれば、もっとも遅く出現したが、二〇世紀を代表する産業に成長していく。起点はヨーロッパにあった。まず一八七〇年代と一八八〇年代にベンツ（Carl Friedrich Benz）とダイムラー（Gottlieb Wilhelm Daimler）による内燃機関の開発がある。これにエンジンそのものの改良と車体構造の改良が続いた。こうして自動車の機構が出来上がり、自動車の生産と販売がヨーロッパや合衆国で広がり始める。しかし、市場は一部の好事家や金持ちに限られ、様々な既存業種から部品を集め、機械工によってすぐれて手工業的に製作されていた。巨大な産業としての自動車産業は、合衆国のフォード（Henry Ford）が自動車産業に大量生産方式を導入したことによってもたらされた。フォードの生産システムは、すでに同時代に世界的な名声を勝ち得て、多くの紹介や研究を生み出したが、経営史研究の対象として、チャンドラーをはじめ、最近ではハウンシェルや和田一夫など多くの人々よって詳細に検討されている(15)。注目すべきは、当時の合衆国にはフォード・システムを成立させるための技術的な基礎があったということである。第一に、テーラー（Frederick Winslow Taylor）による「科学的管理法」**scientific management** は、作業工程の解析により、個々の作業の効率化と作業の合理的な編成を実現しようとしたが、こうした試みは、一九世紀型の熟練労働の解体という、当時の諸産業の大きな課題に答えるものであった。第二に、合衆国には部品や材料についての互換性や標準化の伝統があった。また工作機械の性能が高い水準に引き上げられていた。これらは縫製ミシン、農機具、自転車などの製造で示されていた。第三に、移動式組立（加工）ラインは巨大な市場の発展を背景に、ミート・パッキング（精肉包装）、缶詰、製粉などの産業で実証済みであった。

フォードは一九〇八年に安価で単純な機構をもつ大衆車のT型モデルの生産を開始した。T型モデルは最初から自動車市場において十分競争力を保持していたが、そこから大量生産を可能にするフォード・システムの構築が始まった。上記の技術的基礎を背景に、優秀な技師や機械工の努力により、品質の改善と大幅な生産性の向上のための大量生産システムが実現されていった。一九一〇年にハイランド・パーク工場が建設され、システム構築は加速された。一九一四年には最終工程（シャーシ製造）の組立ラインが稼働を始め、またエンジンその他の部品についても組立ラインが出来上がった。こうした組立ラインの組み合わせにより、生産工程全体の円滑な流れが可能となり、著しい生産性の向上をもたらした。とくに、最終組立ラインは、全生産システムの速度と規模を計画し、制御する上で、決定的な意味をもち、生産性向上に大きな役割を演じた。T型フォードは、一九〇九年に僅か一万台程度の生産から始められたが、一九一四年には二〇万台を超え、全米各地に組立工場が建設されるとともに、さらに生産台数を増加し、一九二〇年に九四万台、一九二三年にはピークの二〇一万台に達した。[16]こうした販売台数の増加は、販売価格の低下によって促進された。一九〇八年にT型フォードは八五〇ドルで売り出されたが、一九一六年にはすでに三六〇ドルまで値下げされていた。フォードはこうして自動車の巨大な市場を創出することに成功し、また自動車産業を二〇世紀の代表的産業に引き上げたのである。

図 2-1 合衆国のエネルギー消費の伸びと構成

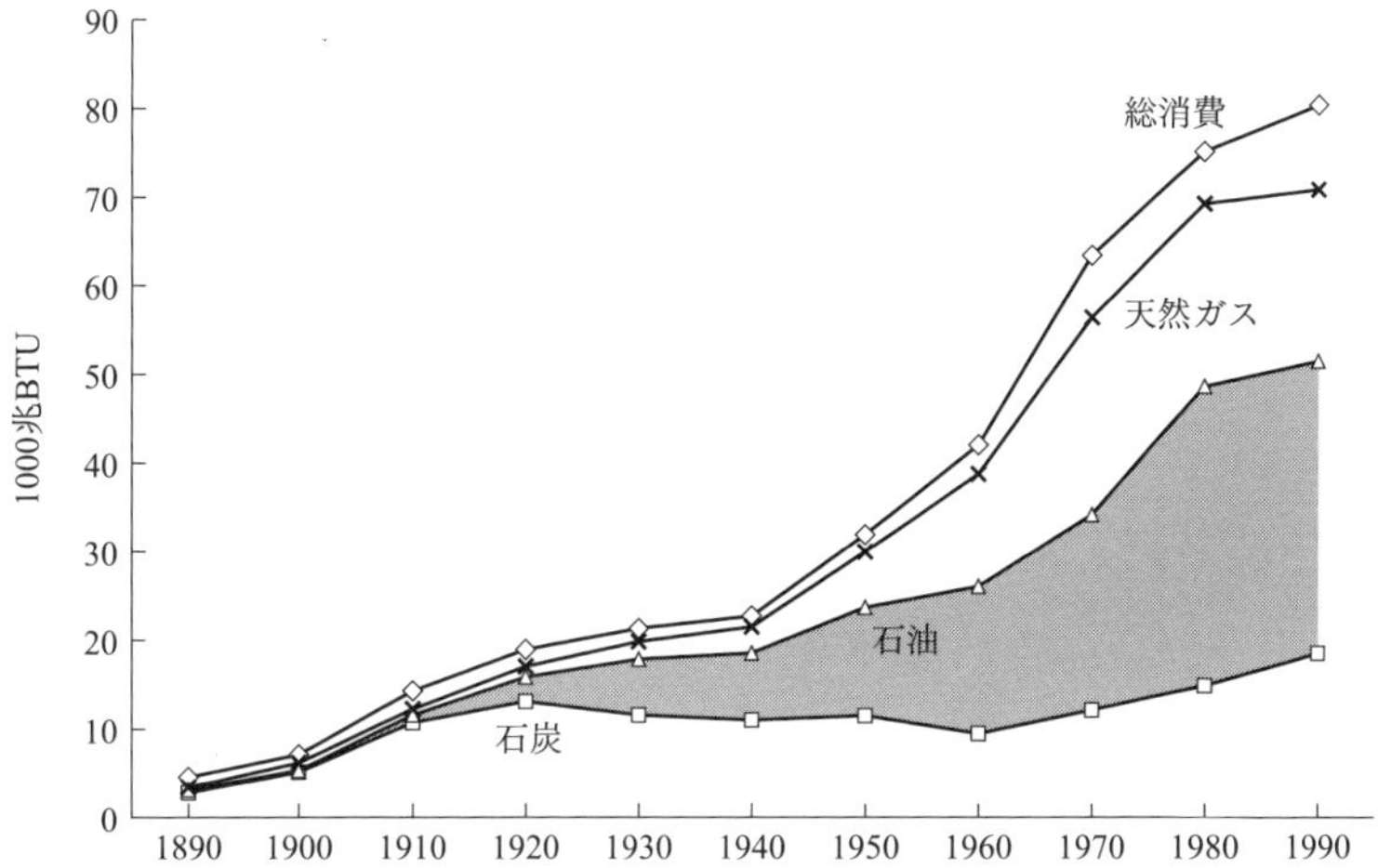

BTU＝British thermal unit（エネルギー換算単位。1 ポンドの水を華氏 1 度引き上げるのに必要な熱量を基準とする）. G. T. Kurian, *Datapedia of the United States 1700–2000*, Lanham, MD, pp. 224–225.

（3）石油と電力

イギリス産業革命はエネルギー源として石炭の利用に広範な道を拓いた。それは蒸気機関によって動力化され、一九世紀を通じて石炭と蒸気機関は産業発展の基礎となった。しかし一九世紀末にエネルギーと動力化に新しい時代が始まる。それは石油と電力の時代ということができる。二〇世紀の初めには、この双方とも石炭に対してエネルギー源として僅かな比重を占めていたに過ぎなかった。一九一〇年の合衆国のエネルギー消費を熱量単位（BTU）に換算すると、石炭が約七五％を占め、石油と天然ガス両者を加えてもまだ一一％程度にしかならず、水力発電は四％弱であった。[17] しかし石油はすでに、二〇世紀の産業発展を支えるエネルギーとしての歩みを始めていた。二〇世紀の合衆国の石油消費の伸びと資源別構成が図２－１に示されている。二〇世紀のエネルギー消費の著しい増加は、石油に支えられていることが分かる。そして第二次世界大戦後は天然ガスが押し上げに加わっている。

石油は灯油や暖房用として、一九世紀後半になると広く採掘・利用され始めた。有名なスタンダード石油の歴史はこの段階に始まっている。ロックフェラー（John D. Rockefeller）は共同経営者とともに一八六〇年代後半のペンシルヴェニアに当時として最大規模の製油所を建設し、この地で産出される石油の精製を始めた。生産コスト上の優位を出発点として、スタンダード石油は同業者の統合を推し進める。これは輸送費をめぐる鉄道業との対抗あるいは石油原産者との対抗が背景にある。統合は一八八〇年代末にはスタンダード・トラストの設立に進んだ。トラストは傘下企業に対する支配を通じて、精製事業の合理化を推し進め、またパイプラインの設置や原油生産の支配のための大規模投資を実現した。こうしてスタンダード石油は一八九〇年代半ばには合衆国の石油産業において独占的な地位を獲得していた。しかしシャーマン反トラスト法をはじめとする独占に対する法的規制によって、スタンダード石油は組織的な再編を迫られ、一九一一年に裁判所によってスタンダード石油ニュージャージーをはじめとする一六の会社に解体されることとなった。だがすでに同じ時期にはエネルギー源としての石油の新しい段階が始まっていた。

石油利用の新段階は一九世紀末の内燃機関——ガソリンエンジンとディーゼルエンジン——の発明と石油化学の発展によって創出された。自動車は最大の消費者であり、石油に対する需要は急速に拡大していった。これに対応して合衆国では、テキサスやカリフォルニアで大型の油田が開発された。また合衆国以外でも、ロシアのバクー、ペルシア（イラン）、蘭領東インド（インドネシア）など、世界各地で石油採掘が進められていった。スタンダード石油の後継企業、スタンダード石油ニュージャージー、同カリフォルニアなどは原油生産から販売までの大型企業体として発展したが、その他にテキサコ、ガルフ石油、シェル石油など一連の石油企業が競合した。チャンドラーの整理によれば、一九一七年の合衆国の最大産業企業一〇〇社のうち実に一六社を石油企業が占めていた。[18] ヨーロッパでもスタンダード石油は圧倒的な勢力を保持し、ドイツ・アメリカ石油（DAPG）のような販売会社を設立するとともに、石油開発にも乗り出していった。一方、ヨーロッパの石油企業も出現した。ノーベル兄弟やロスチャイルド家がバクー石油の採掘・運搬・販売を始めた。また蘭領東インドの石油を基礎として、英蘭企業のロイヤル・ダッチ・シェルが設立され、ドイツでは、ドイチェ・バンクがルーマニア石油を基礎にドイチェ・ペトロレウム（DPAG）を、またこれも大銀行であるディスコントゲゼルシャフトはアルゲマイネ石油産業（APIAG）を設立した。一九〇六年にはヨーロッパで活躍する石油企業を結集して、石油販売のシンジケート、ヨーロッパ石油連盟（EPU）がドイチェ・バンクの努力によって結成されている。二〇世紀に入ると石油のもつ戦略的重要性は増大していったが、世界大戦の敗北はドイツの石油企業に大きな打撃となった。

電力はそのほとんどが水力、火力、原子力などをエネルギー源とする二次エネルギーであるが、その利便性のゆえに二〇世紀のエネルギーとして石油と並ぶ大きな地位を占めた。電力産業は電気機器産業の発展によって推進された。広く見られたことは、電気機器産業が自身の発展のために発電所やその他の電力施設を創出することであった。一九世紀末にすでに中央発電所、高圧送電、配電という電力システムが形作られた。交流発電、変圧器などの電気技術の開発がこれを実現した。一八九〇年にウェスティングハウスはウィラメット滝の発電所からポートランドまで一九キロメートルを四〇〇〇ヴォルトの送電線で結んだ。しかし第一次世界大戦までは電力供給はまだ限られた地域内でのみ可能であった。第一次世界大戦直前、主要国の電力生産量は一〇〇万キロワット時の単位で、合衆国が二四・七五、ドイツ八・〇〇、イギリス二・五〇、イタリア二・〇〇、フランス一・八〇であった。[19]

三　企業と経済社会（1）――労働編成と管理組織

大型企業体は、単に企業規模が大きくなったという事実を示すものではない。それは「大量生産」mass production を生み出すが、この「大量」mass とは、生産物の数量の大きさだけでなく、生産額の巨大さをも表している。また、それは同時に、生産過程や流通過程の巨大な組織化、システム化を前提としている。ヘンリー・フォードが『エンサイクロペディア・ブリタニカ』に「大量生産」という項目の執筆を依頼されたとき、もっとも苦労したのは、これまでの生産方式と質的に異なる、新しい生産方式として「大量生産」を説明することであった。「大量生産は単なる量産 quantity production ではない。量産は大量生産の要件を何ら備えていなくても可能である。大量生産は単なる機械生産 machine production でもない。機械生産も大量生産と何らの類似点がなくても存在しうる。大量生産とは、動力、正確さ、経済性、システム、連続性および速度の諸原理に基づく製造計画 a manufacturing project に焦点を置くことである。[20]」大量生産方式の鍵となるのは、生産・流通システムの計画・開発である。製品のデザイン、量産規模、機械・装置の編成、原料の流れ、人員の配置、生産管理などが計画され、具体化される。生産システムは、連続性と速度を維持し、製品の品質や均一性を確実にし、効率性を最大限に高めねばならない。それはまた生産を超えて流通の組織化をも必要とする。大量に生産された製品は、宣伝、市場調査・開拓、販売組織、輸送などの充実した流通システムを通じてのみ売り捌かれる。こうして大量生産は原料から消費者までの完成されたシステムを必要とする。このシステムを、司令部としての本社が、全体として統括し、調整し、そして効率的に運営するのである。このようなシステムの輪郭は、すでに初期の大型企業体に見ることができるが、二〇世紀を通じて、各企業、各産業の試行錯誤の中で、より完成された形に築き上げられた。

大型企業体は生産・流通システムを構築することによって財貨やサービスの生産・流通コストを格段に引き下げた。そして新しい産業部門の成立を可能にし、また、それまでの産業構造を激変させ、その産業における寡占的体制を生み出した。二〇世紀を通じて、大型企業体は広い範囲の産業に支配を拡大し、それぞれの国の産業や経済全体の成長を牽引した。しかし生成した大型企業体がすぐさま自身の成長のための環境を獲得したかといえば、そうとはいえない。大型企業体は、一九世紀に見られた企業形態とは異なった活動様式をとらざるをえない。企業としての構成が独自の企業行動を要求するのである。大型企業体はこうした企業行動を通じて、社会的経済的環境を改造して自己成長システムを築いていく。それは反面からいえば、一九世紀資本主義が築き上げたシステムを改造することであり、社会規範や政治体制の大きな再編成過程であった。以下、第一次世界大戦前の初期的な過程を、労働、管理組織、市場、金融の諸側面について簡単に見ておこう。

(1) 新しい労働編成とパターナリズム

大型企業体は生産・流通システムを構築するが、そこで働く人々をこのシステムに適合させ、効率を最大化するように編成しようとした。その結果として、二〇世紀的な労働編成が生み出されていく。まず生産現場の労働者について見てみよう。一九世紀の工場と異なり、数多くの、大きな生産現場が統合された大型企業体にあっては、膨大な数の労働者が複雑に組み合わされた作業工程に配置される。そこには巨大な分業と協業の体制があった。各工程のすべての労働者が、正確に、適切なスピードと連続性をもって作業を行うことによって、初めて全体としてのシステムは効率性を発揮する。工程の個々の作業内容も変えられねばならない。焦点は汎用の職能 skill, Geschick の解体である。一九世紀においては熟練労働者が汎用職能の担い手として生産現場を支配していた。経営者たちは、高賃金で効率化の障害になる熟練労働者から、生産現場の指揮権を取り戻そうとした。テーラーの科学的管理法はそのための運動であった。テーラー・システムは、それまで熟練労働者に委ねられていた作業を単純・反復作業に解体するとともに、工程の管理権限を企業側に移した。この場合でも労働者の技能修練や養成は必要であるが、より細かな専門技能に分解され、その技能はすぐれて「企業独自の」firm-specific ものになった[21]。

労働者、労働市場に対する企業の政策も変わらざるをえない。大型企業体は、古い雇用慣行にある労働者とその組織に対して攻撃を加え、両者の間に激しい対立を引き起こした。一九世紀の労働市場はいわゆるスポット市場の性格が強かった。雇用関係は比較的短期で不安定であった。季節、景気変動、倒産などによる解雇も頻繁であった。労働者の都合による欠勤、遅刻、早退なども広く見られた。また熟練労働者の場合、様々な職場を渡り歩くことも多かったし、熟練工組合は強力で、いつでもストライキを敢行する用意があった。大型企業体にとって、このような雇用慣行や労働市場は不適切であった。生産システムが間違いなく、安定的に稼動するためには、システムに適合的な技能をもち、その規律に従う労働者部隊を確保する必要があった。「企業独自の」技能は、良質な人材を採用し、企業の教育投資によって育成されねばならない。特に長期の修練によって高度な専門技能を身につけた労働者は、システム全体を動かす上で不可欠である。それは軍隊における下士官のような役割を担うことになる。こうして大型企業体は高い能力の労働者群と長期的な雇用関係を可能な限り維持する志向をもつことになる。スポット労働市場から契約的労働市場への移行が始まるのである。

初期の大型企業体は、一般に労働組合の存在を認めなかった。これは合衆国でもドイツでもそうであった。外部からの経営への介入は、システム全体の撹乱となりかねなかった。とくに熟練労働者が組織する職業別組合組織は絶えざる脅威であった。合衆国では職業別組合を中心とした全国組織、労働総同盟ＡＦＬが一八八六年に、機械工国際組合ＩＡＭが一八八八年に結成されている。イギリスのように強力なクラフトユニオンではなかったが、生成途上の大型企業体にとって、こうした組合組織の排除は大きな課題であった。産業別に差はあっても、企業の生産システムは従来型の熟練労働者、旋盤工、鋳造工、組立工など、なお多くを必要としていた。農機具メーカー、マコーミック・ハーヴェスターのストライキに端を発する、一八八六年のシカゴのヘイマーケット・スクエア暴動、一八九二年のカーネギー製鋼のホームステッド製鋼所でのストライキにおける流血紛争など、数多くの事件は経営者側の組合に対する断固たる態度を示していた。これらの事件において、公権力は多くの場合経営者側に立って、民兵の動員など物理的圧力で紛争を鎮圧した。司法もシャーマン反トラスト法を適用して組合活動に合法性を保障しなかった。ドイツではヒルシュ＝ドゥンカー組合のように一部で職業別組合は認められたが、もっとも強力な自由労働組合 Freier Deutscher Gewerkschaftsbund は、社会民主党の強い影響下にあり、職業別組織を包摂しながら、産業別組織への移行を続けていた。ここでも鉄鋼、電気、化学などの大型企業体は、横断的な組合の結成を許容しなかった。

フォードが一九一四年に労働者の日賃金を二倍の五ドルにすると発表したことは大きなセンセーションを巻き起こした。フォードがすでに当時達成していた労働生産性と市場支配力からすれば、賃金のこのような引き上げはそれほど困難ではなかったと思われる。だが賃上げせざるをえない事情があったであろうか。確かに早いスピードの生産ラインで、単純・反復作業を続けることは、当時の一般の労働に比べて労働者に重い負担を課すものであり、好ましい労働でなかったかもしれない。しかし、企業が待遇を改善する積極的な理由は、質の高い、安定的に就業する労働力を確保することにあった。移民労働者の多かった合衆国では、労働者の選別と訓練は非常に困難な仕事であった。フォード社の社会部が労働者の家庭生活にまで干渉した大きな理由はそこにあった。合衆国では、中等教育が普及するとともに、中等教育卒業者を採用し、いわゆるＯＪＴによる工程訓練によって専門労働者を養成する方式が定着する。人事部 personnel department は、当時の大型企業体のどこでも設立され、管理業務の中の枢要な役割を演じた。ドイツでは、登場した大型企業体は広範な「手工業」Handwerk あるいは小規模経営 Kleingewerbe 出身の労働力を企業内に取り込むことが大きな課題であった。工場内に伝統的な徒弟・職人・親方という職業養成の形式が導入された重要な理由は、そこにあったと思われる。こうした職業養成の階梯は社会的地位の上昇ともつながっていた。しかしここでも中等教育の必要性は高かった。やがて、初等教育の修了者が就職した後の徒弟期間に相応する時期に、企業での職業教育と並んで、職業学校での一般教育を受けるという「デュアルシステム」が制度として定着していった。

労働者に対する待遇の改善は、労働力の質と安定だけでなく、企業に対する帰属意識を強化し、労働に対する意欲を向上させることにも向けられた。初期の大型企業体に見られる、独特な「産業パターナリズム」

industrial paternalism は、こうした目標を実現する手段であると同時に、労働者に対する経営者の直接の権威を高めるものであった。合衆国においては、二〇世紀初頭に「福祉企業」welfare firms が非常な広がりを見せた。[22] そこには合衆国を代表する大型企業体のほとんどが含まれていた。第一次世界大戦までに、合衆国最大の企業二五〇〇社が精巧な福祉政策を実施していた。合衆国労働統計局の調査によれば、工業事業所の平均雇用者数は僅か二六であったのに対して、福祉企業の平均雇用者数は七六〇〇に達していた。[23] 福祉事業は企業により差異があったが、食堂、購買部など、生活に関する事業、医療その他の保険事業、娯楽・文化施設、英語・教養学校、工場施設などの環境整備等と、多岐にわたっていた。NCR（ナショナル金銭登録機）の創立者であり社長であったパターソン（John Patterson）が体系的な福祉事業を始めたきっかけは、一八九二年に欠陥製品のために大量の返品が発生したことと、それから一年も経たないうちに、労働者の不始末から三度にわたる火災を経験したことであった。会社は存亡の危機に見舞われた。パターソンの指導のもと、一〇年も経たないうちに、NCRは福祉事業におけるもっとも先進的な企業となっていた。三八〇〇名の従業員のために、図書館、娯楽、講座、会合のためのクラブハウス、体操のための休憩時間、従業員の子供のための保育園、ランチや夕食のための食堂、英語・歴史・裁縫学級、景観の良い庭園や休養のための公園、日曜日のピクニックなどが計画され、設営された。「快適さ、健康、休養は高い効率を生み出す。」実際、福祉事業のための費用は収益の増加によって十分に「引き合う」It pays ものであった。[24]

ドイツの大型企業体にも、同じような傾向が存在した。ドイツ帝政期（一八七一～一九一八年）の労使関係についてしばしば「ヘル・イム・ハウゼ的観点」Herr-im-Hause-Standpunkt が強調されている。これは、家庭における家長的な権威と同様な権威を経営内において経営者が労働者に対してもつという経営理念である。その評価については、前近代的な性格を強調する主張と、近代的労使関係の成立を前提として、経営内における資本の専制的支配を重視する経営者理念と見る考えとの論争があった[25]。だが新しい社会関係やその理念でありながら、歴史的・伝統的な名称や表現をとることにより、それらに力や権威を与えている場合がある。帝政期ドイツで重工業を中心とした経営者団体、「ドイツ工業家中央連盟」CVDIはこの経営理念を強力に普及しようとした。それはまさに登場してきた大型企業体のための経営理念であった。その生産システムを円滑に動かすため、労働者は部下として上司（Herr）の命令・決定に従わねばならない。組合加入、争議行為のいずれも認めない。合衆国のパターナリズムの背後にあった目標もこれであった。実際ドイツでも、炭鉱、製鉄、機械、電気、化学などの大きな企業では、例外なく経営内社会政策があった。例えばクルップは労働者住宅・寮、購買部、食堂、病院、ビアホール、補習学校などの厚生施設、企業独自の年金・労災補償、企業貯金、労働者指定の奨学金などをもっていた。これらはクルップの労働者としての規律、効率、忠誠心を扶養したのである。合衆国でも、ドイツでも、経営内社会政策は、産業別労働組合が形成され産業民主主義が進展するとともに、新たな形態をとるようになる。

（2） 職員層と管理組織

大型企業体は、一九世紀に典型的であった企業経営と異なり、複合的業務を有機的に統合した管理運営組織を築いた。企業の個人所有者が自己の経験と才覚によって経営を動かすのではなく、多数の職員が各種の業務部署に分かれて企業の管理運営を担うのである。チャンドラーがいうように、こうした大型企業体の管理運営組織はすでに運輸革命の中で出現した鉄道などにモデルをもっていた。また軍隊組織も原型となりうるものであった。もちろん、初期の大型企業体にあっては、創業者の個人的力量に負うところが多かった。しかし企業の大型化の過程は、好むと好まざるとにかかわらず、企業をライン・スタッフ原則に基づいて組織化し、意思決定機関としてのトップ、ミドルおよび現場の各レベルからなる階層的管理組織を生み出した。企業はこうして高度な生物体のように、個々の経営機能が器官（部署）として独立し、それらが意思決定機関としての脳を頂点として有機的に統合された。チャンドラーは、すでに二〇世紀の初めに合衆国の代表的な大型企業体のほとんどがこのような経営組織を築いていたとしている[26]。社長（経営最高責任者ＣＥＯ）と経営委員会は企業活動全体を統括・運営する責任を負っており、ライン部門は生産・販売・購買・運輸の各業務単位と地方組織を動かし、スタッフ部門の企画、会計・財務、設計、研究・開発などの各部門は企業行動について執行部に助言する。取締役会は社長・経営委員会の経営戦略や経営方針に承認を与え、それを監視するとともに、これら執行部の選任に当たる。現在でも見られる経営の基本的な組織がすでに誕生していた。ドイツの大型企業体についても同様のことがいえた。整備された組織能力によって、ドイツ産業はヨーロッパにおける圧倒的支配力を築いていったのである[27]。

こうした経営組織を形成するために、大型企業体は多数のホワイトカラー、職員層を必要とした。ホワイトカラーには、管理業務（企画、経理、人事など）、営業（販売、調達、輸送など）、技術・研究などの職種が含まれる。企業内のホワイトカラーは、すでに二〇世紀初めに、大型企業体が支配する産業で、総従業員に占める比率が著しく高く、二〇世紀を通じて上昇していく。若干の例を示してみよう。合衆国では一八九九年に、繊維産業の全雇用者数は七一万六千人で、そのうち「生産労働者」production workers は六九万八千人であり、職員層はおよそ一万八千人、雇用者全体に対して二・五％を占めていた。一九一四年に雇用者総数は一〇一万三千人で、職員数はそのうちほぼ三・七%を占めており、一九五〇年には総数一二四万四千人、職員比率は八・三%、一九七〇年の数字はそれぞれ九二万五千人、一二・一%であった。同じ年次別比較を化学と電気機器について見てみよう。一八九九年に化学工業の雇用者総数は一七万人、電気機器は四万九千人で、職員層の比率はそれぞれ一五・三%と一二・三%であった。化学の雇用者数と職員比率は、一九一四年にそれぞれ二六万九千人と二二・七%、一九五〇年に六四万七千人と二八・九%、一九七〇年に八八万一千人と三六・九%であり、また電気機器では、一九一四年に一五万六千人と一七・九%、一九五〇年に七六万六千人と二〇・三%、そして一九七〇年に一八四万二千人と三二・五%であった。大型企業体が支配する化学や電気機器では、最初から職員比率が格段に高い。職員比率はどの産業でも二〇世紀を通じて増加傾向にあるが、化学や電気機器の増加はとくに著しい。支払い給与総額に占める職員給与の比率はさらに高く、これら二つの産業では一九七〇年にはそれぞれ四一・五%と四三・九%に達している。(28)

このことは、大型企業体とその発展によって、企業労働力に占める職員層の比率が増大し、その重要性が大きくなったことを示している。職員層の多くには、高い能力が要求され、大学、さらにはビジネススクールのような高等教育機関が人材の養成と選別のための機能を果たすようになる。理工系の他に、社会科学系(法律、経済・経営など)の大学卒業者への需要が増大した。もちろん教育の改革は簡単には行かない。こうした需要がある程度満たされるのは第二次世界大戦後になる。

しかし以上に見てきた大型企業体は組織として、ある歴史的な限界をもっている点に留意する必要がある。一九世紀の企業と比較して、二〇世紀の大型企業体は、組織の巨大さゆえに、組織全体にわたる情報の流れに面倒な問題を含むと同時に、生産過程における労働生産性の上昇に比して、組織における効率性の改善には大きな限界をもっているといえるのである。

四　企業と経済社会（2）——市場行動と金融システム

大型企業体は、大規模生産、大規模流通を実現するために、独特な市場政策をもつ。大量の商品、大規模な商品量の販路を確保することは容易ではない。市場の動向に従って、製品を売り捌くといった行動では経営を維持できない。さらに固定費の問題がある。大型企業体には、大規模な設備投資、人的組織、研究開発への投資が必要となるが、これらは、生産費の中の固定費の比重を高めた。固定費の上昇は損益分岐点を引き上げ、適正な価格と高水準の販売量を維持することが、経営の生命線となる。このため大型企業体は市場を計画的に、組織・創造しようとする。経営学でいうマーケティングが必要となるのである。大きな問題は景気変動であった。一九世紀には、ほぼ一〇年間隔で周期的な景気循環があった。価格と需要の大きな変動に対して、対抗する手段が必要であった。この手段として、大型企業体はその寡占性と市場支配力を活用することができた。新規参入にとって、固定費を高める諸要素である、設備投資、人的組織、研究開発は大きな障害となった。これに企業経営の実際の中で蓄積された、無形の技術や経営のノウハウが加わった。その結果、大型企業体には強力な市場支配力が生まれ、企業の判断で価格設定や生産調整などをある程度実行できた。そしてカルテル、トラストから企業合同にいたる企業間の様々な独占協定を生み出す機会も生まれた。しかし、市場支配力は基本的に相対的なものである。少数とはいえ競争企業は存在し、新規参入も完全に排除できない。加えて、企業の対象としうる市場の規模が価格設定と販売量に限界を与えていた。

一九世紀末に様々な形での企業結合 combination が現れた。企業結合は、規模や範囲の経済がもたらすコスト上の優位と、他方では寡占・独占による市場支配という二つの動機によって牽引された。[29] とくに後者の市場支配は、結合が同一製品、同一産業における水平統合の場合に大きな問題となった。それは、ギルドなどの団体による取引制限、古典的な独占と同一の性質のものであり、市民社会の市場秩序としての営業の自由の原則に反し、英米法ではとくに厳しく禁止されていた。[30] 合衆国において、大型企業体の企業結合の例は、まず運輸革命の担い手であった、鉄道、電信・電話などで現れた。鉄道では全国を五~六の地域に分ける大規模な企業結合が誕生し、また電信ではウェスタン・ユニオンのような全国的な巨大組織が形成された。また一八八〇年代後半には、石油、タバコ、ウイスキーなどに数多くのトラストが形成された。スタンダード石油の生成史についてはすでに触れた。そこでは、生産・流通費の削減やパイプライン設置のための資本集積も大きな目的であったが、市場支配と鉄道などとの交渉力強化が主要な目的であった。一八九〇年には有名なシャーマン反トラスト法が成立し、競争企業が取引制限のために共謀すること、あるいは単一会社による市場の独占を禁止した。しかし、一八九〇~九三年の不況期に企業結合はさらに拡大した。一八八九年にニュージャージー州法が認めた持ち株会社制度が、従来のトラストの組織替えと、また企業結合の拡大を促進した。反トラスト法は実際上企業結合の支障と考えられなかった。[31]

一八九九~一九〇二年には、合衆国史上最大の企業合同の時代を迎えた。USスティール、デュポンなど数多くの巨大企業が産業内の諸企業の合同を通じて成立した。こうした大型の企業合同は、J・P・モルガンやロックフェラーのような投資銀行や富裕な個人投資家が金融的に介在した。巨大化した企業体は数多くの産業において圧倒的な規模をもち、強固な市場支配力をもつようになった。そのため、中小生産者や消費者から独占に対する強い反発が起こった。いわゆる「独占（トラスト）問題」は社会問題化し、大統領選挙の大きな争点ともなった。一九〇六年にセオドア・ローズヴェルト（Theodore Roosevelt）大統領は、反トラスト法の違反に基づいて司法省にスタンダード石油とアメリカン・タバコを訴追させ、ついに企業分割を余儀なくさせた。デュポンについても同様の結果が生じた。この傾向はタフト（William Howard Taft）、ウィルソン（Robert Woodrow Wilson）の両大統領においても継続した。そしてウィルソンの下で、クレイトン法（Clayton Act）（一九一四年）が制定され、連邦取引委員会（Federal Trade Commission）が設立された。クレイトン法は、シャーマン反トラスト法が独占を事後的にのみ処罰し、それも甚だしい場合に限っていたのを一歩進め、価格の差別、拘束契約を違法とするとともに、競争を大きく減少させるような合併を禁止した。連邦取引委員会は不公正な競争行為を調査し、排除命令を発するなど積極的な行政的関与を担保した[32]。当時の政治権力は独占や大型企業体の行動に対して厳しい態度をとったが、しかし大型企業体の存在そのものを否定する意図をもっているわけではなかった。大型企業体は経済成長を促進し、雇用を増大させるとともに、新しい産業、新しい生活を創造する主体であった。もちろん、市場支配に伴う価格引き上げ、生産制限、取引制限は公平な市場関係を損なうものであったが、反面では景気変動に対して市場と雇用の安定をもたらす側面もあった。二〇世紀初頭の革新時代の合衆国は、社会改革や社会的進歩に対する国家の積極的役割が注目され、国家機能の強化が図られたが、出現した大型企業体をいかに社会的・政治的秩序内に位置づけるかは、その大きな課題となったのである。

ヨーロッパでは、合衆国の状況とは様々な意味で異なっていた。イギリスでは、産業における大型企業体そのものが形成されることが少なかった。個人企業が多く、株式会社形態をとっていても実質的に同族企業であることが多いため、大型企業体の形成の障害となった。確かに鉄鋼や化学などでは大規模な企業が存在したが、ここでも大胆な投資や買収・合併などは積極的に行われなかった。イギリス法は独占行為に厳しかったが、市場支配そのものの試みは多く存在した。一九世紀末から持ち株会社形態での水平的結合の試みが広く見られた。しかし、所属する個別企業の連合体としての性格が強く、一つの企業としての合理性の追求には制約があった。そのうえ、イギリスの自由貿易政策は、ドイツをはじめとする近隣のヨーロッパからの競争によって、市場支配の諸手段の有効性を失わせた。対照的にドイツは一八七九年に保護関税政策に転換した。鉄鋼をはじめとするドイツの指導的産業は、大土地所有者ユンカー層を引き入れて、保護関税政策の樹立に成功した。これは「ライ麦と鉄の同盟」と表現され、権威主義的政治体制の支えにもなった。ドイツでは石炭、鉄鋼、化学のいわゆる重工業では、原料から最終製品までの垂直的統合が進展した[33]。こうして大量生産のための経営的基礎が形成された。しかし、存立する大型企業体にとって、ドイツの国内市場はあまりにも狭隘であった。従って、競争の激しい世界市場に進出し、勝利するほかはなかった。ドイツの大型企業体はこれを実現するため、保護関税体制を利用して、国内的に種々の独占的結合を組織した。国内的に独占的で安定的な市場を確保することによって、価格などの面で有利に対外進出の手段をうるのである。様々な分野や地域で数多くのカルテルが形成された。ヨーロッパでドイツが資源保有の面で大きな優位をもつ、カリウムや石炭においては全国的なカルテルが結成された。カリカルテルはドイツの独占的な資源保有を基礎に一八八一年に成立し、一九一〇年には政府の手で強制カルテルに転化された。一八九三年にライン＝ヴェストファーレン石炭シンジケートが、ルール炭田を基礎に販売を統一した強力なカルテルとして結成された。こうした原料カルテルは、製鉄や化学の独占形成を推し進めた。ドイツの司法はカルテルを許容したし、また政府はカルテル化を支持し、推進した。

大型企業体は成立の前提として巨大資本集積を必要とする。もちろん企業の大型化は、新しい技術や経営組織によって生み出される利潤によって支えられたが、巨大資本投資、あるいはまた企業買収・合併のためには、一挙に大きな資本調達が必要となった。こうした資本調達のため、銀行と証券市場が、金融的介在の役割を担った。ドイツ社会民主党の理論的指導者であったヒルファディング（Rudolf Hilferding）は二〇世紀の新しい資本主義の中核となる資本形態を、「金融資本」Finanzkapital とし、それは銀行資本による産業資本の支配によって生み出されたとした。後にレーニン（Vladimir Il'ich Lenin）は、ヒルファディングに拠りながら、金融資本を銀行と産業の融合または癒着と定義した。[34] しかし「金融資本」を、このように一般的概念として設定することは困難である。それはすぐれてドイツの当時の状況をモデルとしたものであり、しかも視野は二〇世紀初めまでに限定されている。二〇世紀を通じて、産業と銀行の相互の独立性は基本的に維持されたのであり、両者を一体的に把握することは二〇世紀資本主義を理解する上でむしろ妨げになろう。

合衆国では、合併や併合は企業の大型化を推進する手段として広く用いられたが、そのためには企業の内部蓄積では不十分であり、外部からの投資や金融的仲介が必要であった。チャンドラーによれば、資本調達はまず地元の企業家や銀行からであったが、それを越えると、全国的に著名な富裕層、例えばロックフェラー、アーマー、デュークなどに向かった。ピッツバーグのメロン（Andrew W. Melon）のようにヴェンチャーキャピタリストとして成功を収めたケースもある。本来の銀行が大きな役割をもったのは、一八九〇年代末から二〇世紀の最初の数年の企業合同の時代においてであった。合衆国の投資銀行はそれまで公債や鉄道証券をもっぱら扱ってきたが、この時期に産業に向かった。J・P・モルガンが、カーネギー製鋼をはじめとするたくさんの製鉄企業をまとめて世界最大の製鉄企業USスティールの設立を支えたことは有名である。一方で投資銀行は、世界の金融の中心ロンドンと結んで、資本輸入を媒介することができた。しかし投資銀行は企業に対して短期的には別として、長期にわたる支配や関与を続けることはなかったとされている。

産業革命期から、ドイツでは銀行は産業との結びつきを強くもち、独特な特徴を発展させた。ドイツの一般銀行は「信用銀行」Kreditbankというが、ユニヴァーサル・バンクであり、商業銀行業務と、証券発行・引受け・売り捌きなど、投資銀行業務とを結合していた。[35] 信用銀行は顧客との間にいわゆる「交互計算勘定」Kontokorrentによって経常的で密接な関係を築いた。交互計算勘定は契約に基づいて、顧客は銀行に対して個々の取引をその都度決済するのではなく、一定期間――例えば一年――ごとに口座残高に基づいて決済することができた。顧客である企業は多くの場合、特定の銀行に取引相手を限定したので、銀行は企業の経営状況を正確に把握し、企業に対する信用供与を拡大することができた。とくに当座貸越の形態で、しばしば設備等の固定資本投資の資金が供与された。こうした行為は銀行の流動性を低下させるものであったが、信用銀行は企業の株式や社債を発行することによってこれを回避しようとした。ドイチェ・バンクをはじめとするベルリン大銀行は、大きな支店網を企業証券の売り捌きに利用した。ドイツの信用銀行はこのような方式で合理的で強力な金融システムを創り出した。電気、化学、鉄鋼、機械などの大型企業体の生成期において、ベルリン大銀行の果たした役割は大きかった。またカルテルをはじめとする、様々な経営結合において、信用銀行は積極的に介入した。しかし第一次世界大戦後に、大型企業体は次第に自己金融に移行するのである。

第3章　階級社会の解体と国家の社会的機能

一　一九世紀階級社会の解体

イギリスを起点とする産業革命は、西ヨーロッパに独自のタイプの社会を創出した。それは一九世紀資本主義に固有の階級社会であった。もちろん国別に多様性がある。世界の工場としてのイギリスでは、商工業、金融業などに従事する「中産階級」middle class は、一八三二年の選挙法改正や一八三五年の都市自治体改革を通じて、社会的・政治的影響力を強めていた。大都市では、すでに上層中産階級ないしはブルジョワが政治的支配力を築いていた。しかし伝統的な社会層は政治的・社会的な支配力を強固に保持していた。こうした社会層はその多くが貴族・ジェントリーである地主階級であり、地方の農村や市場町で名望家として影響力を発揮し、治安判事のような地方公権力の担い手でもあった。そして彼らは、国家権力の中枢である議会における大多数を構成していた。ブルジョワ層のかなりの部分も土地所有によって地主化していたし、地方名望家の仲間入りをしていた。一九世紀中葉の人口統計によると、イギリス王国の全人口の四分の三がまだ人口二万人未満の町や村に居住していた。[1]

一九世紀半ばまでに、中産階級の利害を受容し、それに連帯し、代弁していく政治システムが成立した。イギリスの国民的利害を代表して行動することは、「貴族の義務」noblésse oblige であった。一八四六年の穀物法撤廃はその表現であった。貴族・ジェントリーと中産階級は「有産階級」propertied class として、一九世紀階級社会の支配階級を構成していたのである。こうした有産階級はせいぜい人口の四分の一にとどまり、残る四分の三はプロレタリア、すなわち「無産階級」であった。その上層には高賃金の熟練労働者層がおり、中産階級下層に接していた。彼らの多くは職業別の労働組合、クラフトユニオンに組織され、強力な交渉力をもち、共済機能により、ある程度の生活上の安定を維持することができた。こうした「労働貴族」は労働者全体の一割程度を占めたに過ぎず、残りの労働者とその家族は、人口の三分の二以上を占めたと思われるが、極めて不安定な生活を余儀なくされていた。確かに一九世紀の半ばから一八七〇年代の初めまで、一般的な好況が続き、賃金水準も上昇した。農村においても、「高度農業」high-farming の時代であり、農業労働者の賃金も四〇年代後半に比較すれば、名目で五〇%程度上昇しており、物価の若干の上昇を考慮しても実質賃金はかなり上昇していた。[2] しかし多くの産業で労働者の雇用は短期的で変動の大きなものであった。一八三四年の救貧法改正は、自助自立を基準として、労働者と公的扶助を受ける貧民を厳格に区分するとともに、救貧管理に国家の直接の関与を実現した。確かにこの法律は労働者の自助の傾向を強め、様々な目的の友愛組合 friendly societies や消費協同組合などの結成に導いたといわれる。しかし労働者のかなりの部分は、雇用関係の不安定性のため、容易に公的扶助を受ける貧民に落ち込んだ。[3] 国外移住は活発であったが、全体として労働力の流動性は低く、近隣地域への移動に限られていた。伝統的な定住法は教区ごとの財政的管理を持続し、流動性を拘束していた。多くの地方社会では、治安判事の支配、「主従法」Master and Servant Act のような法規制などとともに、ある種のパターナリズムが生き続けていた。

フランスやドイツのようなヨーロッパ大陸諸国では、地方社会の名望家支配はイギリスよりも強固であった。これらの国の産業革命は一九世紀の第三四半期に鉄道建設を動力として急進した。産業革命によって、新しい産業ブルジョワ層が形成されたが、地方社会では、大土地所有者や富豪による名望家支配が続いていた。フランスではルイ・ナポレオン（Charles Louis Napoléon Bonaparte）の専制の下で、強力な工業化政策が実行されたが、ようやく一八七〇年代に入って、第三共和制の下で、産業ブルジョワ層の政治的指導性が確立する。一方、ドイツでは、産業革命の進行の中で、ビスマルク（Otto von Bismarck）による「上からの革命」によって、国民的政治統一が実現され、第二帝政の政治体制下で、重工業を中心とした産業ブルジョワの政治指導性が成立するが、それは東部の大地主層、ユンカー層との連帯によって支えられていた。一九世紀のヨーロッパでは、このように社会的勢力としての大土地所有が強固な基盤を長く保持するのである(4)。

工業化の進展、一九世紀半ば以降の鉄道、電信などの運輸革命は、農業就業者・農村居住人口の減少、労働力の流動化や労働市場の統合を通じて、こうした大土地所有の社会的地位を少しずつ掘り崩していく。イギリスではこうした過程はもっとも急速に進んでいた。しかし一九世紀階級社会をドラスティックな解体に追い込んだのは、一九世紀末大不況とそれによる世界経済的構造転換であった。一九世紀末大不況は、社会的・政治的観点から見ても、あるいはまた世界システムから見ても、一九世紀社会と二〇世紀社会の間の断層であった。この大不況はヨーロッパに深刻な農業不況をもたらした。一方では、農業労働力の減少、農村人口の減少が急速に進展する。他方では、大土地所有は経済的地盤を失い、様々な抵抗を続けながらも、社会的・政治的地位を沈下させていく。農業労働力の比率はイギリスでもっとも早く減少したが、農業・農村人口の減少は、長期的趨勢である。それは一九世紀末大不況以後、巨大な流れとなり、二〇世紀後半には極限まで到達する。(5) イギリスでは全労働力に占める農業労働力の割合は、一八七一年にすでに一五・三%であったが、一九〇一年に九・一%、一九三一年に七・一%、そして一九六一年に三・六%にまで下がった。ドイツ(第二次大戦後の西ドイツ地域)では、一八八二年に四六・七%で、一九〇七年三六・八%、一九三三年二八・九%と低下し、一九六一年には一三・五%に激減した。(6) フランスは、一八八六年に四六・六%、一九〇一年四一・八%、一九三一年三五・六%、そして一九六二年に二〇・六%であった。ちなみにアメリカ合衆国は一八七〇年に五三・四%、一九〇〇年三八・三%、一九三〇年二二・〇%、そして一九六〇年に六・五%であった。イギリス、フランスの減少は比較的緩慢である。これに対してドイツのそれは急速であり、合衆国はさらに急角度である。

労働力の農業離脱は、すぐれて農村離脱という居住地の移動を伴い、都市化を推し進めた。(7) イギリス(連合王国)では、人口一〇万以上の都市(ロンドンを含む)は、一八五一年に一〇あり、総人口の一七%程度を占めるに過ぎなかったが、一八七一年に一九に増加し、総人口の二三%を占め、一八九一年にそれぞれ三三、三〇%、一九一一年に四二、三三・二%と成長した。二万人以上の都市人口は、一九一一年には四割近くにまで達している。ドイツ(第二次大戦後の西ドイツ地域)では変化はより急激であった。一八七一年には一〇万人を超える都市は僅か四であり、総人口に占める比率も四・九%にとどまっていたが一八九〇年には一二あり、総人口に占める比率は一五・六%、そして一九一〇年には二七都市、二七%であった。第二次世界大戦後の一九六一年には、この数字は五三都市、三四・二%にまで増加している。反面、二〇〇〇人未満の村落等に居住する人口は総人口に対して、一八七一年には六二％であったが、一八九〇年に四九・二％、一九一〇年には三五・二％に急減した。一九六一年に、この数字は二〇・七％にまで減少している。ちなみに合衆国では、一八七〇年に人口一〇万を超える都市は僅か一四で、総人口に占める比率は一〇・七％にとどまっていたが、一八九〇年に二八、一五・四％、一九一〇年に五〇、二二・一％に増大した。一九六〇年には、この数字は一三一、二八・四％に増加していた。そして二五〇〇人未満の農村には、上記の年次に従って、人口の七四・三％、六四・九％、および五四・三％が居住していたが、一九六〇年には三〇・一％となった。

一九世紀末の都市化の進行は、当時の経済活動の新しい拠点を築いた。多数の若年労働力が流入し、都市内の、あるいは都市に近接する産業を支えるとともに、彼ら自身が新しい需要を作り、新しい産業を喚び起こした。しかしそれ以上に大切な点は、こうした都市が、二〇世紀の社会的・政治的基盤を生み出したことである。都市人口の大多数は様々な階層の労働者によって占められたが、同時に、富裕層や増大してくる中産層も居住地域の一角を占めた。都市の生活は、ほとんどの住民にとって、新しい環境であった。都市の環境は、家族、生活様式、生活圏のような社会の深部においても、大きな変化をもたらした。都市や工業労働は新しい生活環境を要求したし、またこれまでになかった様々なリスクを生み出した。世代をつなぐ家族の絆、農村や狭い地域社会で大きな変化なしに営まれてきた生活様式は崩れた。これまで抑制されてきた社会対立は、容易に激化し、新たな層に広がった。多くの住民は都市生活の中で新しい社会意識をもち、政治的に行動するようになる。チャールズ・ブース（Charles Booth）らによるロンドンやその他の都市についての「貧困」の調査・研究は、まさに都市のもつ大きな社会問題を明らかにしたものであり、社会改革、社会政策が国民的課題であることを明らかにした。都市は共同体として、治安や保健、住宅、上下水道、交通、情報システム、教育、文化施設などを要求する。周知の通り、一八八〇年代のイギリスは、地方行政改革の時代であり、農村地帯における治安判事の権限を崩すとともに、都市の自治・行政権限を強化し、都市改革を推進した。都市改革は「都市社会主義」municipal socialism と呼ばれるように、ガス・水道事業をはじめ各種の公益事業から、社会問題まで広範な機能を構築していった[8]。ドイツでも同様な現象を見ることができる[9]。ドイツでは早くから都市公益事業が始められ、ガス・水道から市場、倉庫、港湾、さらには市街鉄道など、広範囲に及んだが、一八九〇年代以降、職業紹介所、失業対策、住宅建設などの「都市社会制度」が急速に形成され、後の国民的諸制度への発展を準備した[10]。一方で合衆国では二〇世紀都市の建設は、民間企業が主要な牽引力となった[11]。都市の公益事業の多くが民間事業として営まれた。もちろん治安、公衆衛生、都市計画など、都市行政の果たす役割は大きかったが、移民の増加によって深刻化する教育問題や社会問題については、各派の教会が積極的な役割を担った。

二　社会改革と二〇世紀の構想

一九世紀末の大不況期に、ヨーロッパの国々で社会構造と政治システムの大きな転換が始まった。それは一九世紀社会と国家の転換の時期であった。一九世紀階級社会に対する攻撃は、社会と政治の指導理念であった個人主義と自由主義、そしてまた経済政策思想としてのマンチェスター主義への批判として現れた。それらはこれまでの威信を失っていった。「社会主義の復活」が起こり、様々なタイプの社会主義思想と運動が登場した。大陸ではドイツを中心として、マルクス主義が革命的な労働運動と結びついた。マルクス主義は革命によって資本主義システムを根底から破壊することを目標としていた。しかし、当時「社会主義」と名づけられた思想や運動の多くは、市民社会の制度的基礎、市民的自由と私的財産制度を前提としていた。それらは体制内変革、「社会改革」social reform を目指すものであった。またドイツの革命運動のように、社会主義運動は「修正主義」によって次第に「社会改革」の潮流に合流していった。社会改革思想は、一九世紀社会の崩壊の過程で、当時の知識人や社会的エリートによって生み出されたもので、二〇世紀社会への転換の現実的な道筋を明らかにしようとしていた。

フェビアン社会主義は一九世紀末から二〇世紀初頭のイギリスにおいて、もっとも注目すべき社会思想の一つである。[12] 一八八四年設立のフェビアン協会には、ウェッブ夫妻（Beatrice and Sidney James Webb）、バーナード・ショー（George Bernard Shaw）、H・G・ウェルズ（Herbert George Wells）などの革新的な知識人が結集し、これまでの社会を批判し、新しい社会へと再編成することを主張した。一九世紀のイギリス社会は階級社会であり、少数者に土地と資本が独占され、イギリスの富の増大はほとんど、こうした少数者の手に帰し、大多数の労働者は人間的な生活の最低限も保障されていなかった。少数の富裕層あるいは「有産階級」と貧困層、労働者あるいはプロレタリアは、イギリスという国家の中にある「二つの国民」なのであり、この間には実質的に超えがたい境界があった。政治的には、グラッドストーン（William Ewart Gladstone）の自由党がリーダーシップを握り、個人主義と自由主義を原則とする政策路線をとっていた。フェビアン主義者は、こうした状況を放置すれば、大革命を引き起こしかねないと考え、新しいイギリスを創出しようとした。例えばシドニー・ウェッブは二〇世紀初年に次のように指摘している。「最近二〇年間、自由主義の抱負やスローガンは普通の市民に嫌われるようになった。個人主義的自由の崇拝はなんらの熱狂を生み出さない。その「契約の自由」と「需要と供給」への信認は、対応する宗教や博愛への随意主義を伴うが、いまや大衆にとっては悲惨をもたらすように思われる。大衆はあまりにも貧困であるので、国民の福祉 national well-being に必要な肉体的・精神的な健全の最低限である、経済学者が有効需要と呼ぶものさえ得ることができない。[13]」

フェビアン主義が主張するイギリスの新しい目標とは、国民全体を一つの国家に統合する、強力な国民的共同体 national community ということができる。その構築の担い手は、国家とその政策であり、国民的効率 national efficiency[14]と国民的最低限 national minimum がスローガンとして掲げられる。国民的効率は、イギリス国民が経済、社会、行政、政治、軍事の各側面で諸外国に対抗できる効率性を創出することである。科学が手段として重視され、専門家集団による研究や実証分析に基づく政策の効率性、計画性が問われる。国民的最低限は、国民全体を統合するため国民の生活水準の最低限を保証することであり、そのための様々な社会政策が要求される。救貧法、年金政策などの社会保障、工場法や雇用などの労働政策、衛生保健政策、住宅政策、初等教育から大学までの教育政策、さらに地方行政改革、都市環境の整備が含まれ、これらを実現する租税・財政改革に及んでいる。こうした政策は、当然、社会階層間の、あるいは地域間の所得再分配を伴うものである。そして産業民主主義や政治的民主主義の進展を予想させるものであった。

以上のようなフェビアン主義の諸要求は、ほとんど二〇世紀の歴史過程において実現された。実際、その主張は一九世紀末から二〇世紀初頭においてすでにすぐれて現実的であり、その実現が広く議論されていた。

また、それは一九世紀の社会と政治を根本から変えようとしたが、市民権や財産権のような市民社会の制度的基礎にはほとんど触れるものではなかった。フェビアン主義を特徴づける理念の一つは、強烈なナショナリズムである。世界市場をめぐる諸国民の競争は、一九世紀末から激化しており、イギリスの産業覇権は脅かされていた。そうした中で、フェビアン社会主義は、国際関係ではイギリス帝国の擁護者であった。しかしナショナリズムは、より根底的なもう一つの側面をもっていた。一九世紀階級社会の解体が進行していく中で、新しい政治体制が要求されたが、ナショナリズムはそのための統合イデオロギーとなったのである。これは他の西ヨーロッパ諸国でも見られる。国民を全体的に統合する共同体は新しい政治システムと政策を、また指導的政治集団を要求する。フェビアン協会は、実際の政治運動を起こすことはなかったが、思想的影響力により、イギリスの政党政治の再編に、またイギリス労働党の設立に貢献した。

ドイツにおける社会政策学会 Verein für Sozialpolitik は、ドイツ的特質をもちながらも、フェビアン主義と共通した潮流を示している。この学会は、シュモラー (Gustav Schmoller)、ワグナー (Adolf Wagner)、ブレンターノ (Lujo Brentano) など大学教授を中心として、一八七三年に設立された。彼らは、ドイツの経済学において支配的であった経済的自由主義と対決し、「社会問題」Soziale Frage を解決するため、国家による干渉政策によって、「社会改革」Sozialreform を実現しようとした。ドイツの経済学の主流は当時なお、一八五八年に設立されたドイツ国民経済会議 Kongress deutscher Volkswirte にあった。この学会の中心は、古典派経済学を遵守し、マンチェスター学派と呼ばれていたが、営業の自由、移動の自由、ドイツ統一など、一八六六年に始まる自由主義的改革、ビスマルクの「上からの革命」を思想的に支えた。しかしドイツにおける経済的自由主義は、鉄道建設を牽引力とする産業革命と同時並行的に展開した。旧社会の解体と同時に、資本主義が生み出す社会対立が急激に顕在化した。農村労働力の流出が始まり、旧手工業者層の分解と再編が進むとともに、他方では、ルール地帯の形成に見られるように、大規模経営、巨大株式企業が成立した。こうした状況は、労資問題を含めて、深刻な社会的不安定、社会問題を生み出した。シュモラーは一八七二年の学会設立のための討議集会における開会の辞で次のように述べている。「我が国の社会状態を貫くこうした深い亀裂、また今日企業家と労働者、有産階級と無産階級を隔てる闘争、そして今日まだ遠いとはいえ、はっきりとした社会革命の脅威は、ここ数年来広範囲の社会に次のような疑問を呼び起こしています。その疑問とは、国民経済会議に代表されている、今日世間で無条件に支配している経済学の教義をいつまでも維持するべきなのか、また営業の自由を導入し、まったく時代遅れの中世的な営業立法を除去するとともに、当の傾向の熱狂者が予言しているように、実際に完全な［市場——引用者］経済的状態を始めるべきなのか、ということです。[15]」

社会政策学会は、それまでドイツで強力であった自由主義的経済学派の分裂の中から生まれた。確かにドイツでは、リスト（Friedrich List）、ロッシャー（Wilhelm Roscher）、ロードベルトス（Karl Rodbertus-Jagetzow）など、歴史学派の伝統があったが、社会政策学会を支えた「新歴史学派」die jüngere historische Schule の人々は、シュモラーをはじめそのほとんどが、自由主義改革後のドイツの新しい現状を出発点としていた。彼らは「講壇社会主義者」Kathedersozialisten と呼ばれたが、社会政策学会はまさに社会問題を認識し、社会改革を推進するべきであるという、極めて政治的な意図をもった知識人集団であった。自由主義的な経済論理からは、社会問題の解決は困難であり、国家による干渉、社会政策こそ期待できる手段であった。確かにドイツ国家は、ユンカー、カトリックなど、強力な保守的政治勢力をもっていたが、シュモラーと新歴史学派の人たちにとって、「上からの革命」後の国家はかつて憲法紛争を引き起こしたような絶対主義的性格を脱した国家であり、階級闘争を調停し、民主的な国民的共同体を構築できる国家であった。ドイツマンチェスター学派との論争の中で、新歴史学派は自身の経済学、あるいは社会科学の方法と社会観を構築していった。自身この学派に属していたヘルト（Adolf Held）に従えば、この学派の特徴は、次の三点にまとめられる。[16]①実証主義的、現実主義的方法をとる。その場合、歴史資料、統計の分析を重視する。古典派のように、いくつかの前提、公理から演繹によって理論を組み立てることをしない。②人間行為における倫理性を重視する。古典派のように、利己心によって支配される経済人のみを想定するのではなく、公共心 Gemeinsinn もまた基本的な動機となっていると考える。③国家は有機体として歴史的に進化するが、その場合、経済諸関係とともに、法律、行政が進化のもっとも重要な要素と見なされる。自由な経済人と自然法的秩序を基礎とした、古典派的な社会観は排除される。

設立当初、社会政策学会は、社会改革を目指す政党、あるいは啓蒙団体としての性格を強くもっていたが、学会内部では直接の政治的関与について意見が分かれた。一八七〇年代の社会民主党勢力の台頭、社会主義者鎮圧法、また保護関税をめぐる政治的抗争は、学会を、労働問題や焦眉の政治問題を避け、経済問題に関する調査、研究、討議およびそれらの出版を中心とした学術団体へと変えていった。学会の調査研究は「社会政策学会叢書」Schriften des Verein für Sozialpolitik として出版されており、『ドイツの農民の状態』（一八八三年）、『ドイツ農村労働者の状態』（一八九二年）、『ドイツ家内工業』（一八八九～九一年）、『ドイツ手工業の状態の研究』（一八九五～九七年）、大規模工業における『労働者の選抜と適応』（一九一〇～一二年）など多くの貴重な成果を残した。そして一八九〇年代初めには、新歴史学派は、ベルリンのシュモラーをはじめとして、ドイツのほとんどの大学の経済学の教授のポストを独占していた。ドイツの大学は、ドイツの官僚や社会経済の指導者層の養成所であっただけに、ドイツ社会に対する影響力は非常に大きなものがあった。[17]

アメリカ合衆国は、南北戦争後工業化が進展するが、なお西部や南部のような、広大な農業地帯をもっていた。しかし一八九〇年代に入ると、数多くの産業部門で大型企業体が成立し、合衆国経済の工業化社会への転換が急激に進んだ。政治的にも、九〇年代のポピュリストによる抵抗運動を抑えて、共和党政権が成立し、とくにセオドア・ローズヴェルトの下で、新しい政治路線が出現する。それは九〇年代から始まる革新主義 Progressivism の政治路線であり、州、地方自治体の政治・行政改革、あるいは社会改革とともに、連邦レベルで、トラストなど独占行為に対する規制強化、労働者保護、自然資源の国家的保護、通貨金融政策における国家の指導性など、積極的な政府の介入を生み出した。西ヨーロッパに比較して、労働運動や社会主義運動は弱かったが、国民の政治的統合はここでも大きな課題であった。こうした大きな政治的・社会的な流れの中で、ヴェブレン（Thorstein B. Veblen）、コモンズ（John R. Commons）らによる制度経済学 Institutional Economics が生まれた。それらは、同時代に、まとまった学会や学派を形成しなかったが、共通の特徴をもち、それぞれの個人的な著書や社会活動を通じて、社会的な影響を与えた。確かに、制度経済学は、ドイツの歴史学派経済学に、そしてまたダーウィン（Charles Robert Darwin）、スペンサー（Herbert Spencer）の進化論に影響を受けているが、理論的・方法的に見て経済学の新しい方向を切り拓いた。[18]

制度経済学は当初よりはっきりした特徴をもっていた。それらは大きくいって三つの点にまとめることができよう。第一に、これまでの経済学の主流である、古典派や新古典派は、経済合理的に行動する個人、「経済人」を想定し、その上に理論を組み立てたが、制度経済学はこの方法的基礎に根本的な疑問を提起する。人間はむしろ慣習、規範、法などの社会的ルール、「制度」に従って行動する。ヴェブレンは、制度を人間の「思考の習性」habit of thoughtとし、コモンズは「集団的行動」collective actions、「社会の行動ルール」working rules of societyとして理解する。それらは人間の行動を制約するが、同時に効率化し、自由にするものである。ヴェブレンやコモンズは社会科学的基礎概念としての「制度」を設定した。これは経済学の理論的発展にとって、新しい可能性を付与したといえよう。第二に、制度経済学は経済を市場よりも大きな存在として捉え、市場自体を諸制度の複合体の働きと考える。従って、市場は社会によって異なった構造や性格をもちうるし、経済システムはそれぞれが固有のタイプをもちうる。そこでは法的・経済的な権力の構造が、さらには政府（国家）が大きな意味をもつ。また、このような考えは、社会システム、経済、法などの諸制度が複合的に連結されている全体構造を重視する視点につながっている。第三に、制度、あるいは経済システム、社会システムは進化すると考える。ヴェブレンは経済的・技術的変化が、制度進化の要因と考え、コモンズは有効なシステムをめぐる利害対立・抗争と意思決定の過程を通じて、制度的進化が起こると考える。しかしマルクスのような、未来社会を想定した目的論的な考えはここにはない。

ヴェブレンは『有閑階級の理論』（一八九九年）をはじめとして数多くの著書を刊行し、広い読者を獲得した。そこでは、同時代のアメリカ企業社会、アメリカ資本主義への痛烈な批判が展開されている。一九〇四年の『営利企業の理論』は企業システムのもつ矛盾を鋭く指摘している。現代経済の一面は高度な技術的進歩がもたらした産業システムである。それは、技師、専門家、科学者を含む、一つの「機械的過程」といえ、技術的進歩とともに、より複雑で効率的なシステムへと進化している。しかし他方では、こうした産業システムは営利企業の活動によって結合されている。この側面は利潤のための激しい競争を伴い、不正行為や投機を引き起こし、独占を発生させるし、さらには深刻な不況、あるいは戦争の原因ともなる。ヴェブレンは、前者の側面が優位に立ち、専門家集団によって、経済が合理的・効率的に運営される社会を期待していたと見ることができよう。一方、コモンズは社会改革に対して実践的にも、理論的にも、より深く関与していた。彼は労働関係史の専門家であり、労働経済学者であった。そして労働法制、公益事業規制、社会保障など、社会法制の策定の開拓者でもあった。むしろこうした社会改革の視点が、『資本主義の法的基礎』(一九二四年)などで、抗争過程が生み出す制度選択、法や国家の役割を重視する理論を導き出したといえるであろう。彼は革新主義からニューディールにいたる合衆国の社会改革の理論的・実践的リーダーの一人であった。(19)

三　社会改革の開始——福祉国家への道

一九世紀末、とくに世紀最後の二〇年間に、社会改革は、労働、教育、衛生、都市のような様々な側面で具体化の道を開始していた。産業革命以降一九世紀の長い期間にわたって持続していた広範な農村社会、地方社会が根底から崩れ始め、新しい状況に対応する安定した社会の建設が大きな政治課題となった。一九世紀社会が抱えていた階級対立は、社会の流動化の下で激化し、深刻化するとともに、労働問題の中心は、熟練労働者から、都市や工業地帯に集中した一般労働者に移行した。一八八九年に、イギリスではロンドンのガス労働者と港湾労働者のストライキ、ドイツではルール地帯の炭鉱労働者を起点とする大ストライキがあった。「社会主義の復活」に見られる社会主義運動は、社会流動化の下で勢力を増大し、強い政治的圧力となった。こうした政治的課題に対応し、新しい政治路線による政治体制を構築するため、新しい政治指導者や政治家集団が誕生した。イギリスでは、大英帝国の保護主義的結束を社会改革と結びつけようとしたチェンバレン（Joseph Chamberlain）、あるいは二〇世紀初頭に社会改革を実現した、ロイド・ジョージ（David Lloyd George）、チャーチル（Winston Spencer Churchill）らが、そうした例であり、ドイツではベルレープシュ（Hans Hermann Berlepsch）やポザドフスキ（Arthur von Posadowsky-Wehner）らが、ビスマルクが築いた基礎を補完し、また充実させていった。労働者問題はまだ前面に出ていないが、合衆国におけるセオドア・ローズヴェルトをはじめとした革新主義的な政治家にもそうした傾向を見ることができよう。

一九世紀末に始まる社会改革は、福祉国家への道を切り拓いた。それは確かに「福祉」welfareを「国家」stateと結びつける出発点であった。社会の構造変化は、「福祉」問題を、公的に、集団的に解決することを迫っていたが、それは国民統合の手段として政治過程で重要な役割を担うことができた。二〇世紀の歴史過程は、福祉国家という言葉を生み出し、やがてそれが二〇世紀国家の正統性、存在理由を表すようになる。この語は、ナチスの専制的で「好戦的」warfareな国家に対して、民主国家の目標を示すものとして登場し、また第二次世界大戦後はすぐれて社会主義国家に対置された。[20]しかし、二〇世紀国家は、経済管理というもっとも基礎的な機能をもっている。マクロ経済政策、あるいは「完全雇用」政策は、経済安定や経済成長を基本目的としており、重なる側面はあるとしても、福祉国家機能の中に吸収することはできない。こうした二〇世紀の国家機能の複合性という枠組みから離れて、福祉国家論を独立して理念的に展開しようとすることには無理がある。周知のごとく、エスピン＝アンデルセン（Gøsta Espin-Anderson）は、福祉国家の発展に「労働力の非商品化」de-commodification のような資本主義変革の契機を見出そうとしている。福祉国家は彼の社会民主主義的な政治目標であり、社会政策による福祉国家機能の推進は目標実現のための手段と考えられている。エスピン＝アンデルセンの福祉国家論は彼の母国スウェーデンを中心モデルとしており、彼は、国家と市場を対立させ、年金、健康、失業等に関する国家の社会政策的関与によって、労働力の市場機能からの分離が進行すると考える。しかし、企業活動の自由が保証され、企業活動がその国の経済を支えている限り、雇用関係を市場的規律から切り離すことは困難であろう。

一九世紀末から第一次世界大戦までの社会改革においては、疾病、労災、失業、老齢などの生活上のリスクに対応する、扶助、保険など様々な保障の社会的組織化が中心的な位置を占めている。それまでの救貧業務は、生活維持が困難になった貧民を個別的に、厳しい限定の下に救済していた。それはむしろ、家族を中心として、共同体や地方社会、教会・慈善団体などによるリスク対応を補完するものであった。これに対して一九世紀末から始まったことは、それぞれのリスクが認識・区別され、それらの救済が社会的・普遍的な形に組織化されたことである。組織化の時期や形態は、それぞれの国の前提とする社会・経済事情、そして政治状況に従って大きく異なる。国家の大幅な関与によって推進される社会保障制度は、ヨーロッパが先行した。ヨーロッパでは、ドイツが先端を切ったが、それはある程度国際的な圧力となり、その他の国々にも、社会保障制度の広がりをもたらすことになった。(21) ここでは、ドイツとイギリスの社会保険制度の導入とその性格を検討し、社会保障の組織化の観点から合衆国の例と対比してみよう。これらの国は二〇世紀国家の社会保障の基本的なタイプを生み出すことになる。

ドイツでは、ビスマルクの下で、一八八三年に疾病保険、一八八四年に事故保険、そして一八八七年に身障者・老齢者保険に関する法律が制定された。体系性をもつ、これらの保険制度は、世界で最初の本格的な社会保険制度であり、またドイツの社会保険制度の発展の基礎を築いた。[22] 一八七三年の世界恐慌を起点として、世界は一九世紀末大不況に突入し、ドイツの政治情勢は、大きく変化した。第一に、それまでの自由主義的な通商政策は一八七九年に保護主義的な政策に転換した。ドイツ工業家中央連盟（ＣＶＤＩ）に結集した製鉄・石炭・機械などの重工業利害は、東部の大地主層であるユンカーを巻き込み、政策転換を実現した。いわゆる「ライ麦と鉄の同盟」である。第二に、不況下で労働運動や社会主義運動が先鋭化した。一八七五年に社会主義運動の二派が、ドイツ社会主義労働党（後の社会民主党ＳＰＤ）に合同し、体制変革を目標とするゴータ綱領を採択した。こうした社会主義運動の成長に対して、ビスマルクは一八七八年に社会主義者鎮圧法を制定した。一八八〇年代の労働者保険法は、この社会主義者鎮圧法と、しばしば「あめとむち」の関係として説明される。また当時の政治体制の性格から、保険法自体が「保守主義的」とか「半封建的」、「家父長制的」などとされることがある。しかしこの保険法体系は、当時、社会的・経済的に要求されていたことの実現という性格をもっていた。当時の政治指導者には、長期的に見て、労働者を統合して、ドイツ市民社会を、ドイツ国民国家を、安定させようという力学が働いていた。加えてそこには、当時のドイツ産業利害、とくにドイツ工業家中央連盟に結集した大企業家層の利害が表現されていた。労働力の流動化、工業への労働力供給、工場労働力の確保や保全、労使関係の安定は、幼いドイツ産業にとって極めて重要であった。

一八八〇年代に成立した労働者保険制度は、社会保険の最初の試みとしては完成度の高いものであった。

その方法や組織については、多くの点で、実際の経験により積み上げられていたし、政府官僚も国家制度としてまとめる力能をもっていた。事故保険については、七〇年代初めから、工場内事故の法的処理が大きな課題となっており、疾病保険については、すでに自治体や比較的大きな工場でかなり広く導入されていた。両保険とも、ライヒ（帝国）議会の審議の中で、当初考えられていた政府の大きな関与は切り落とされ、政府の役割は規準と監督に限定されて、地域・職域・経営などの別に、自己管理、自己責任を原則として組織された。疾病保険（健康保険）は保険体系の中で基礎的な位置を占めていた。疾病保険の対象（被保険者）は、鉱工業、建設業、手工業などに従事するすべての労働者であり、いずれかの保険組織に加入義務があった。被保険者は日賃金の二〜三％の保険料を支払うが、後に述べる一つの例外を除くすべての組織において、保険料の三分の一は雇用主が負担した。給付は医師による治療、医薬品、入院費用などのほか、就業不能の際の疾病給付、死亡の際の家族に対する死亡手当が支払われた。次に保険組織としては、伝統的な鉱夫組合Knappschaftや同業者組合Innungもその機能を担うことができた。しかし、疾病保険法は中核的な保険組織として、地域疾病金庫Ortskrankenkasseと経営（工場）疾病金庫Beriebskrankenkasseを設定している。地域金庫は、保険義務者が一〇〇名以上居住する各自治体に設立が義務づけられているが、自治体とは独立して管理・運営される独立行政法人である。労働者と雇用主はそれぞれ、保険料負担の割合に応じて、金庫の理事会と総会の構成員を選ぶ。経営金庫は、工場などの経営内に五〇名以上の保険義務者をもつとき、経営者に設立が義務づけられ、経営内で就業する労働者はこの金庫に加入義務があった。金庫の財政運営や管理の規準は地域金庫の場合と同様である。以上の諸金庫と異なり、「登記互助金庫」eingeschriebene Hilfskasseは労働者の自助組織であり、これは雇用主の拠出がない唯一の組織である。最後に、所属する疾病金庫を見出せない労働者は、自治体がその業務の一部として運営する自治体疾病保険 Gemeindekrankenkasse に加入することとされていた。

こうした疾病保険制度は、いくつかの特徴を備えている。第一に、疾病給付や死亡手当てなどの補償は、拠出額と同様、従前所得に比例している。保険組織の中である程度の再分配的な機能が働くとはいえ、ここでは基幹的労働者を維持することが重要視されているのである。この点は、疾病保険以外の保険においても同様であって、下層の労働者が救貧法の対象になる危険は問わない。第二に、保険組織は、独立の運営主体であって、財政的にも独立している。すでに述べたように、国家は基本的には監査・監督権限をもつのみである。ビスマルクの労働者保険法において、経営金庫(工場金庫)が大きな地位を与えられていることは注目すべきである。大企業が独自の経営内社会政策を進める責任とともに手段が与えられているのである。また労働者の強制加入であることは、法的には「登記互助金庫」の形式を認めているとはいえ、実質的にイギリス型の職業別労働組合(クラフトユニオン)の活動を困難にしている。第三に、管理・運営において労働者側が大きな役割を与えられている。こうした労働者側の管理・運営上の役割は他の保険制度の場合にも見られる。労働者にとって理事や総会代表に選出されることは、大変名誉のあることであったといわれており、後の労資共同決定 Mitbestimmung への道を切り拓いているといえよう。

事故保険は、鉱山、工場、建設現場などにおいて起こる事故に対応することを目的としていた。こうした事故は、労働者側の責任か経営者側の責任か決定することが難しく、労使間の紛争の種であった。この問題の解決のため、経営内での業務上の人的・物的災害については、経営者に「無過失責任」――故意または過失を問わない、法的な損害賠償責任――を負わせることを定めた。経営者は同業者保険組合 Berufsgenossenschaftを地域別に組織し、保険料の拠出によって、被保険者たる労働者の人的・物的損害を賠償する。事故の調査、仲裁審判、控訴審においても、労働者代表の参加が規定され、また事故防止規則も労働者代表の参加の下に細かく決定され、遵守が命令されていた。最後に、身障者・老齢者保険は二〇〇〇マルク未満の年収の労働者全員に加入を義務づけ、四つの賃金階級に従って労働者と雇用主に同額の保険料の拠出を求めた。身体的障害によって、通常の収入の三分の一を稼ぎえなくなった場合には、基礎額六〇マルクに政府付加金五〇マルクと支払い保険料に対応する給付が支払われた。老齢者年金の場合は、三〇年の拠出年のあと、政府付加金五〇マルクと保険料対応の給付のみで、基礎額はなかった。身障者・老齢者保険で、政府は初めて財政的な関与を実現できた。しかし、当時からいわれていたように、給付額は少なく、身障者に対する保障はある程度現実的な効果をもちえたが、老齢者保険は待機期間が長く、社会的影響は当初、極めて限定されていた。保険組織は地域別に三一設立され、雇用者代表と労働者代表が同権をもって管理・運営に当たっており、仲裁審判、各種委員会等においても同様であった。

保険組織の頂点にライヒ保険庁 Reichsversicherungsamt が設立された。ライヒ保険庁は三つの保険制度全体の監督官庁であり、最終決定権限をもっていた。国家は社会保障という機能を組み込むことによって、その正当性を強化したのである。各保険制度は設立時点から包括性が高く、また適用対象、給付内容など、時間の経過とともに拡充されていった。[23] 一九〇五年の疾病保険について見ると、被保険者数は一一一八万人を超えている。ちなみに、一九〇七年の職業別人口調査によれば、農林業を除く「賃労働者」数は一〇八六万人であった。金庫の種類別では、地域疾病金庫が最大であり、被保険者の五〇%を占め、次いで経営金庫が二五%であった。身障者・老齢者保険の被保険者は最初から一〇〇〇万人を超えており、一九〇五年には一四〇〇万人近くに達していた。事故保険の被保険者は、対象が農林業労働者まで拡大したため、一九〇六年には二〇七三万人に達していた。一方、三つの社会保険制度に対して、失業保険の導入は、個々の都市などでの試みはあったが[24]、一九二〇年代まで遅れた。労働市場に対する影響への顧慮が大きかった。ただ失業保険の基礎となる職業紹介制度は第一次世界大戦までにかなり整備されていた。

ドイツの労働者保険制度を出発点として、ヨーロッパ各国では社会保険制度の導入が進展する。任意保険や保険外の枠組みを含めれば、第一次世界大戦までに、ほとんどの国で、何らかの種類の社会保障システムが構築された。この中で、イギリスの例は、ドイツとは異なる独自の型として、重要な地位を占めている[25]。イギリスでは、二〇世紀に入ってようやく新しい社会保障制度の導入が政治課題になった。一八三四年の救貧法改正を基礎とした一九世紀的な社会保障は、イギリス労働者の賃金水準の高さと発達した共済制度によって維持されていたが、都市や工業地帯の広範な労働者大衆を政治的・社会的に統合する上では、十分な機能をほとんど発揮しなかった。改革の第一幕は、一九〇六年総選挙にいたる関税改革論争の中で上げられた。関税導入派のチェンバレンは関税収入の一部を労働者災害補償の拡充や老齢年金の創設に支出することを提唱した。これは中心的争点ではなかったが、大きな政治的課題となることを予告した。自由党は選挙に勝利したが、労働党などの政治勢力の台頭、また一九〇七年恐慌以後激化した、失業者の増大や争議の頻発による深刻な「労働不安」labour unrest の下では、社会改革の実行は不可避であった。加えて、ドイツとの軍事的・経済的競争に打ち勝つためには、イギリスの人的資源を守り、強化しなくてはならなかった。こうした国民的効率は、伝統的な自由主義路線を捨て、国家の積極的な関与によって初めて実現できた。ロイド・ジョージやチャーチルのような党内新勢力はこのような「新自由主義」路線を推進した。一九〇八年に老齢年金法 Old Age Pension Act、そして一九一一年には画期的な国民保険法 National Insurance Act が成立した。財政面では、いわゆる「人民予算」People's Budget が所得税、相続税の改正と土地課税の導入を実現することによって、これを支えた。社会改革に対して、産業利害の立場は分かれた。バーミンガムの金属工業はドイツのような社会保険制度の導入に積極的であった。ドイツとは厳しい競争関係にあったが、交流や協力関係もあり、ドイツの事情に精通していたためである。これに対してランカシャーなど繊維工業地域では、新しい政治路線に消極的であったといわれる[26]。

老齢年金法は、七〇歳以上の老齢者に対して、年収二一ポンド未満の場合には一律週五シリングを給付し、年収二一ポンド以上、三一ポンド一〇シリングまでを限度として、逓減された年金額を給付するというものであった。この費用はすべて国家財政からの支出、公費であって、保険的にいえば「無拠出」noncontribution であった。また受給資格のためにはミーンズ・テストが要求された。ここには救貧扶助からの連続性が認められるであろう。実際に老齢者は救貧法の最大の扶助対象であり、その解決は大きな課題であった。ただこの法律では、救貧法のように個別ケースの救済ではなく、一定条件を満たせばすべての者が給付対象になり、有資格者の受給権が保証されている。またミーンズ・テストを救貧業務のそれと切り離し、受給者の人格を傷つけないような配慮があった。

国民保険法は、まず健康保険について、保険加入対象を広く、雇用契約のもとにある肉体労働者、肉体労働以外でも年収一六〇ポンド未満の労働者に設定している。農業労働者、事務系労働者もここには含まれている。保険料は均一に、男の場合週四ペンス、雇用主が三ペンス、加えて国がさらに二ペンスを拠出する。

女の場合拠出は三ペンスとなる。保障については医療サーヴィスとともに、現金の疾病給付が均一で、週、男一〇シリング、女七シリング六ペンスが与えられた。そのほか、廃疾者給付、出産手当てなどがある。保険の運営組織は法案の策定、成立の過程でもっとも大きな論議となった。中心的運営組織の一つは、長い伝統をもつ友愛組合（共済組合）であった。熟練工が結成していた職業別労働組合（クラフトユニオン）もこうした共済機能をもつ組織であった。法案は当初、既存の友愛組合と、新たに組織される友愛組合をイギリス型の社会保険を担う組織として想定していた。しかし友愛組合のように、自治的な組織であり、構成員の加入、除籍などの許可権限をもつ組織には、広範な保険対象者を包括することは困難であった。そこで法案成立の最終段階で、商業的な簡易保険会社 industrial insurance companies や集金保険組合 collecting friendly societies の参入を認めた。これらの商業組織は生命保険を取り扱っていたが、自身の業務の発展に役立つので、国民健康保険への参入に関心をもったのである。さらに国民保険法には、健康保険とともに失業保険制度が包括されていた。失業保険は、鉱工業、建築・土木の七業種の労働者を対象として、労使と国の三者の拠出によって、失業の際の所得保障を実現するものであった。ここでも均一拠出・均一給付の原則が生きている。すなわち労使が各週二・五ペンス、国が一・五ペンスを拠出し、失業の際一五週間にわたって、週七シリングを保障する。産業別のリスクの差異は考慮されていない。管理は、一九〇八年の法律によって設立されていた各地域の「職業紹介所」labour exchange が担うが、労働組合が拠出・給付の両面で補助した。なお、上記七業種以外の産業についても、国は労働組合が保証する失業手当の六分の一を補助した。

以上のように、国民保険法における二つの社会保険システムは共通して均一拠出・均一給付の原則によって立っている。そして、予定される給付は、従前所得のいかんに関わらず、「貧困」poverty や「困窮」want

を回避できる最低限を保証するものであった。イギリスの社会保障の原則となる国民的最低限が明瞭になっており、ここには、社会保障をできる限り低く抑えて、労働者の自助の範囲を大きくするという、イギリス自由主義の伝統的理念を想起できよう。しかしまた同時に、国民保険法は救貧事業と強く直接的なつながりをもっている。ロイド・ジョージは下院での説明で次のように述べている。「イギリスの健康保険制度は、イギリス失業保険制度と同様に、個々人が自分では制御できないような要因によって引き起こされた困窮に対する防御として、救貧法に取って代わる意図をもっています。[27]」老齢年金法が労働能力のない者の救済に対しての最大の防御措置であったとすれば、国民保険法は労働能力のある者の救済の必要性の発生に対する防御措置であったといえよう。もちろん、そこには大きな革新があった。これまでの救貧事業は、扶助は個別のミーンズ・テストを必要としていた。そして扶助を受けることは、「貧窮民」paupers という市民権をもたない階級に陥ることであった。しかし国民保険法によって、労働者は病気や失業に対して、権利として保険給付を受けることができるようになり、市民としての地位を安定的に保持する基盤をもつようになったのである。

組織の面では、友愛組合、あるいは労働組合の重視と優遇が特徴的である。イギリスの労働組合は多くの場合、様々なリスクに対して共済機能を担っていた。ビスマルクの労働者保険法は、こうした共済機能に消極的、抑制的であり、イギリスと対照的であった。イギリスの健康保険の運営管理は、基本的に、既存の共済組織と、新しい共済組織の創出によって担われるよう設計されていた。こうした共済組織は認可組合として、いまや雇用主と国家から拠出を受けられるようになり、財政的に強化されたが、他方では従来通り自治組織としての性格を維持した。すでに述べたように各共済組織は、自治組織として組合員の加入・除籍の権限をもっている。組織防衛を考慮すれば大幅な組合員の増加は期待できない。また新しい強力な共済組織を創出することも容易ではない。結果として健康保険システムへの労働者の「包括性」が危うくなる。とくに下層の労働者大衆の包括が問題となった。労働組合に対する政治的配慮があったとはいえ、健康保険法にとってはむしろこの問題が重要であった。商業的な簡易保険会社や集金保険組合の側からの強い働きかけがあったことを考慮するとしても、このような商業組織の参入は、政府にとってやむをえない措置であった。簡易保険会社、集金保険組合の参入は、共済組織に加入できない、あるいは加入する意思のなかった労働者、とくに「最底辺の三分の一層」の労働者を組織することを可能にしたのである。一九一二年の統計によれば、国民健康保険へ加入した被保険者は、男子が約八七〇万人、女子が約三六八万人で、総計一二三八万人であった。一九二三年には男子一〇〇九万人、女子五一〇万人であった。一九一二年の組織別構成は、男子の場合、簡易保険会社・集金保険組合が三四%、友愛組合が五二%、労働組合が一三%を占めており、女子の場合、上記組織の順序で、五九%、三四%、七%となっていた。その後の発展において、二つの商業保険組織の割合が少しずつ増加しており、男子で一九二三年に三八%、一九三八年には四三%に達している。(28)

アメリカ合衆国は、イギリスやドイツとは違った道を進んだ。それは二〇世紀的な社会保障システムの一つの型を生み出す。社会保障システムという語は、ここでは広く、生活・生存に関して、一つの社会がとるリスクカヴァーの方式を指している。イギリスでは、共済組織を一つの支えとしながらも、政府、国家が組織者・運営者として前面に出ており、ドイツでは、政府、国家が規準を設定するが、職域・地域別に組織される公的団体が組織運営に当たった。これに対して、合衆国ではまず企業が社会保障システムの中心的な組織者となったことが特徴である。[29] こうしたアメリカ的な道は、一九世紀末から二〇世紀初頭に、大型企業体を中心として、広く見られた「福祉事業」welfare work から始められた。これは初期的な経営内社会政策であり、従来、パターナリズム、あるいはまた「福祉資本主義」welfare capitalism と呼ばれていたものである。福祉事業は必ずしも社会保障的な機能を目的とするものではないが、しかし年金、健康、事故などに対する金銭的な手当て、保険の供与が登場していた。合衆国を代表するような大型企業体はほとんどすべてこうした福祉事業を実行していた。[30]

大型企業体における労使関係の変化が、こうした経営内社会政策を生み出すことはすでに述べた。大型企業体は、大規模で複合的な生産システムを円滑に稼動させるために、システムに適合的な熟練をもつ労働者層を必要とした。企業は優秀な人材を選抜し、工場内で養成するとともに、労働意欲をもち、安定的に就労するような人事管理を進めねばならない。ヨーロッパでも大型企業体はほとんどが、同じような必要性から共通した経営内社会政策を実施している。しかしこうした政策の多くは、国家の設定する社会保障システムの中に吸収されるか、組み込まれていった。合衆国が異なった道を進んだ理由には、企業が点在し、連邦レベルでも、州レベルでも、統一的な規制を実施することは技術的に難しいこともあったであろう。しかし合衆国でも連邦や州の政府による労働問題や社会保障への介入の試みがなかったわけではない。作業場内での安全と衛生、児童・婦人労働に関する規制などの労働保護政策はかなり多くの州で導入されていた。また連邦レベルでも、一八八四年に内務省の中に労働局が設立され、さらに一八八八年に労働省に格上げされた。労働省は労使関係の情報収集・普及を進め、「労働者の物質的、社会的、知的、道徳的繁栄を促進する手段」を調査することを大きな目的としていた。[31] 一八九三年に労働省はドイツの強制保険に関して好意的な研究を出版し、改革のための立法作業を支持する意図を表明している。労働問題は大きな社会問題として議論され、議会でも立法の試みが見られた。一八九八年のエルトマン仲裁法 Erdman Arbitration Act や産業委員会法 Industrial Commission Act は国家の労使関係への介入を前進させた。

しかし企業側は経営内労働関係への国家の介入に対して強い抵抗を示した。大型企業体は数においては少なかったが、社会的・政治的影響力は強力であった。一つの企業が、一つの町、一つの産業の命運を握り、また膨大な数の労働者を雇用していた。福祉事業に示される経営内社会政策は、大型企業体が労働関係において、競争する企業や異なる産業に対して優位性を維持する手段であった。また同時に労働組合の経営への介入を防御する手段でもあった。企業の自発的改革 voluntary reforms は、国家からも、組合からも、企業の行動の自由を守ろうとしたのである。そして高い生産性と収益性がこれを支えていた。様々な試行錯誤のあと、福祉事業はパターナリスティックな性格を失い、労働契約に客観的に示される手当て、待遇に収斂していく。代表例を挙げれば、アメリカ電信電話会社（AT & T）は雇用者の年金、疾病手当て、生命保険のため、一〇〇〇万ドルのファンドを一九一三年に設立した。またUSスティールは雇用者の年金・健康・職業安全のため、年々五〇〇万ドルの投資を行っていた。さらにインターナショナル・ハーヴェスター（農機具メーカー）は一九〇八年に雇用者の死亡・廃疾・疾病保障計画を設立した。[32] 一九三〇年代のニューディール期に、政府の関与の下に公的年金制度や失業給付など一連の改革が実施される。しかし企業はドイツやイギリスに比較して、社会保障システムにおいて、積極的で大きな位置を占め続ける。

第4章　二〇世紀世界システムの胎動

一九世紀末から二〇世紀へ世界経済は大きく転換する。その基礎には、世界経済の範囲と密度の増大がある。第一に、地球上のほとんどすべての地域が、単一の世界経済に統合された。グローバル経済の成立である。一六世紀にヨーロッパを中心として始まった資本主義世界経済は、地球全体を包括することに成功した。統合がもっとも遅れていた、アフリカや中国もまた包括された。この過程はまた同時に、世界経済の各地域の結びつきの緊密化でもあった。マディソンの推計値で、世界のＧＤＰに対する輸出の比率を見ると、一八七〇年に四・九％であったものが、一九一三年には八・七％にまで上昇している。[1]世界的な原料食料供給地の開発、工業化の高度化と拡大、運輸革命の進展が、世界経済の緊密化を推し進めたのである。運輸革命は輸送コストを引き下げ、世界の距離を縮めた。人、もの、金、情報がこれまで見なかったような速度、規則性、大量性をもって移動した。そして、世界経済の範囲と密度の増大とともに、世界経済の構造の変化がもたらされた。一九世紀のイギリスを基軸とした世界経済は、この時期に新しい構造転換の第一歩を踏み出した。それまでイギリスが独占していた中心的機能の一部がアメリカ合衆国やドイツに分化し、また世界の各地域に周辺工業化を進める諸国が登場した。中心諸国、周辺工業諸国および周辺一次産品供給地域という二〇世紀資本主義の構造が出来上がるのである。[2] 同時に国際政治においても、イギリスを中心とする国家利害の調整の限界が現れ、いわゆる「帝国主義と戦争の時代」を特徴づける、多くの対立の火種が生み出された。こうした資本主義世界システムの危機を回避するため、新しい国際政治秩序が模索されることになる。

一　中心の機能分化

(1) 金融の中心

イギリス　イギリスは産業革命を世界で最初に成し遂げた国であり、一九世紀に工業、貿易、金融のいずれにおいても、世界経済の基軸であるとともに、国際政治秩序の中核の地位を占めていた。[3] しかし一九世紀末から二〇世紀初頭に、こうしたイギリスの地位に大きな変化が現れる。確かにイギリスはなお貿易、金融では中心としての地位を維持していたが、かつての「世界の工場」としての地位を失った。企業組織は二〇世紀初頭になっても、なお一九世紀中ごろの中小工場を中心とした性格を強く残していた。比較的大きな企業は株式会社として組織されていたが、実質的に個人企業あるいは同族企業である場合が多かった。もちろん技術的進歩は各産業分野において認められた。しかし、それらは既存の企業の性格や産業組織を革新することなく、内部的な改良によってゆっくりと前進した。先端技術をもつ大型企業体成立の素地はあったが、目立ったのはむしろ、合衆国やドイツの企業の進出であった。産業構造という面では、イギリスは産業革命以来の繊維、製鉄、機械などが中心であり、これらが主要な輸出産業であった。

特有の技術選択に基づく技術体系の完成、高度な分業体系をもつ中小工場の集積と熟練労働者層、労働・企業・金融における制度設定と自由貿易を基調とする経済政策は、一九世紀中ごろに成立した、イギリス資本主義の成長システムであった。いったん成功し確立したシステムの変革には大きなエネルギーが必要となる。確かに、一九世紀後半の世界経済の展開は、イギリスの対外的な経済関係を転換したが、基本的なシステムの維持を許容した。イギリスの工業製品輸出市場は早くから世界的な広がりをもっていたが、一九世紀の第三四半期まで、なおヨーロッパ市場と合衆国が中心的な市場であった。一八七〇年に国内産輸出の三七％をヨーロッパ市場が、また一四％を合衆国向けが占め、合計で五〇％を超えていた。しかし第一次世界大戦直前の一九一〇年には、この割合はそれぞれ三四％と七％であり、合計して四二％に足りなかった。この地域の諸国の工業化が、自国工業による国内需要の充足を進め、同時にこれらの諸国で高率の保護関税政策が実施されたことが大きく作用している。イギリスの輸出市場は、これらの地域以外のアジア、アフリカ、中南米に移っていった。一八七〇年にすでに、これら三地域への輸出は四三％で、これに大洋州を加えると四八％にも達していたが、一九一〇年には前者が五〇％、後者を加えると五八％を占めた。こうした地域は、一九世紀後半に食料、原料の供給地として開発されていった地域であった。膨大なイギリス資本がこれらの地域の農場・鉱山の開発、鉄道・港湾・航路の建設に投入された。資本輸出と開発は、イギリス経済に大きな利益をもたらした。まず、開発はイギリスの伝統的な産業のために適合した大きな市場を提供した。またそれは、商人、貿易業者、運輸業者、銀行、保険会社に大きな事業機会を与えるものであった。さらに利子や配当の投資収益はイギリスの経常収支を支えた。このようなイギリスの海外展開は、イギリス資本主義の成長システムを強化し、拡張することを可能にしたのである。

イギリスの貿易収支は、一八二〇年代の初めから一貫して赤字であり、それは時とともに増大していった。一九世紀半ばからの自由貿易政策はこれに拍車をかけた。しかしイギリスの経常収支は、一八四〇年代末より例外なく黒字を続け、七〇年代後半や九〇年代から一九〇〇年代の初めの時期にやや縮小ないし停滞することはあったが、全体として黒字額を年々拡大していった。第一次世界大戦前の約一〇年間は、世界的好況の下に、貿易収支の赤字が縮小したこともあって、経常収支の黒字は巨額になった。イギリスの資本輸出能力を示す経常収支の黒字は、投資収益と「その他の貿易外収支」によって実現されていた。後者は、先に述べたように、海外貿易に伴う商業収益、運輸収入、銀行・保険など金融取引からの収益からなっていた。投資収益は、長い間の海外投資によって積み上げられた海外資産が生み出す利子や配当である。一九一〇年を例にとると、商品貿易の赤字は一四二・七百万ポンドであったが、投資収益が一七〇百万ポンド、その他の貿易外収支が一四六・七百万ポンドの黒字であり、経常収支は一六七・三百万ポンドの黒字と推計されている。大摑みにいえば、イギリスは大きな貿易収支の赤字によって、他の国々に基軸通貨としてのポンド・スターリングによる支払い能力を与え、それを投資収益など貿易外収支の黒字で取り戻している。その場合、アジア、アフリカ、中南米は、世界の各国に食料や原料を供給することによって、ポンド・スターリングを回収する大きな迂回路になっている。このようにして、イギリスはその資本輸出能力によって、世界の経済成長を支えていたのである。第一次世界大戦の直前、一九一三年にイギリスの海外資産総額は四〇億ポンド(一九五億米ドル)を超えていた。この額は、北アメリカに三四・三%、南アメリカに一六・八%、アジアに一四・〇%、ヨーロッパに一二・六%、大洋州に一〇・八%、アフリカに一〇・六%に配分されていた(4)。

世界貿易と世界金融におけるイギリスの中心的位置は、広大な植民地をもつイギリス帝国によって、強く支えられていた。イギリス帝国は重商主義時代から、一九世紀の自由貿易時代を通じて、一貫して拡大している。もちろん、植民地支配の形態は変わった。重商主義時代には、特権を付与された会社や有力者が植民地経営に当たったが、自由貿易時代には、白人入植地がカナダをはじめとする自治領 dominions に転化するとともに、インドをはじめとするアジアやアフリカなどは直轄統治下に置かれた。しかしイギリス帝国は、イギリスを基軸とする自由貿易体制をしっかりと支えていた。さらに帝国主義時代に入ると、イギリスは、登場してきた競争者を圧倒するため、アフリカで「喜望峰からカイロまで」from the Cape to Cairo 広大な植民地を建設し、また貿易路を確保するため世界的な戦略地点を確保した。一九世紀末までに、イギリス帝国は地球表面のほとんど四分の一、世界人口の四分の一以上を占めていた。イギリス帝国は国際的政治体制におけるイギリスの支配的地位を支えていただけではない。確かに帝国が費用便益評価から見て、イギリスにどれだけの利益をもたらしたかは明確にはいえない[5]。しかし帝国は、イギリスを中心とした世界的な貿易システム、金融システムを安定的に維持する上で極めて大きな役割を果たしていた。英領インドはその最良の例である。植民地はイギリス産業にとって極めて快適な輸出市場であったし、鉱山開発、鉄道建設あるいは銀行の設立においてもほとんどの場合、イギリス企業に有利な地位を与えた。広大な植民地はまたポンド・スターリングの国際基軸通貨としての安定性を支えた大きな柱であった。世界の中心や周辺で工業化を進める諸国は、ポンド・スターリングなしには、必要な原料や食料を十分に確保できなかった。

こうしたイギリスを中心とした世界システムは、一九世紀末から二〇世紀初頭に様々な側面から挑戦を受けていた。まず第一に、合衆国やドイツなどの中心諸国が、電気、化学のような先端産業だけでなく、鉄鋼、機械などにおいても、世界市場においてイギリスを圧倒するようになるとともに、次第にイギリスを中心とした貿易・金融システムから独立した、輸出市場や原料・食料供給の方法を創出しようとした。直接投資を伴う輸出市場の開拓、自国通貨建てによる原料・食料輸入は、とくに中立市場においてイギリスの影響力を着実に削いでいった。伝統的にイギリスの強い影響下にあった中南米も例外ではなかった。第二に、周辺工業化を推進する数多くの国で、イギリスの主力産業である綿工業、羊毛工業などに対する強力な競争者が形成された。日本、イタリア、インドで輸出産業としての綿工業が成長し、その他の周辺工業国でも、輸入代替を担う自国産業が樹立された。こうした状況下で、イギリスの商品輸出、さらに資本輸出は、次第にアジア、アフリカ、自治領などの帝国植民地に集中するようになった。とくに一九〇七年の世界恐慌の後には、国際紛争の増大の中で、こうした傾向が強まった。最後に、イギリス直轄植民地における独立運動や自治領における独自路線はこの時期にすでに勢力を強めつつあり、イギリス基軸の世界システムの崩壊要因となることを予想させていた。しかしイギリス経済は、一八九五年以降第一次世界大戦まで続く世界経済の大拡張に牽引され、一九〇七年恐慌によって衝撃を受けたものの、膨張を続け、こうした問題が顕在化し深刻化することは少なかった。

二〇世紀の交に、イギリスが進むべき方向をめぐって、政治路線における対立が生じた。自由党から離脱し統一党 Unionist Party を結成していたチェンバレンは、保守党と連携して、帝国関税同盟を結成し、帝国内の特恵とともに帝国外に対する保護関税の導入を実現しようとした。[6] それは同時に、関税収入を支えに、国内的には労働者階級のための社会改革を実現するとともに、帝国を軍事的に強化しようとするものであった。伝統的な自由貿易政策を放棄することは、大きな政策転換であった。一九〇六年の総選挙に際して、チェンバレンは自由党の伝統的な政策路線に対して激しい攻撃を加えたが、結局勝利できなかった。折からの好況にも支えられて、シティの金融利害、綿工業などの伝統的産業、そして安価な食料を望む労働者層は、自由貿易政策を支持した。しかし自由党も労働問題を放置することはできなかった。一九〇七年以降第一次世界大戦にいたる時期は「労働不安」の時代と表現されているように、[7]ストライキなどの労働紛争が頻発した時期であった。それは炭鉱や鉄道からあらゆる産業部門に広がり、組織的な組合運動だけでなく、サンディカリズムのような過激な政治闘争までを含んでいた。社会改革の実施はさし迫った課題であり、すでに述べたように、ロイド・ジョージ、チャーチルらの自由党急進派は、老齢年金法や国民保険法など、一連の社会立法によって、課題解決の道を切り拓いたのである。

フランス　フランスは、第一次世界大戦前の世界において、イギリスを補完する金融センターとしての役割を果たしていた。[8]産業においては、東部の鉄鋼や電気化学（ソルベイ法）、電気冶金のような一部の部門で先端性を示していたが、全体としては産業革命時に築かれた構造が維持されていた。労働力人口に農林水産業が占める比率（一九〇五年四二・七％）は、イギリス（一九〇一年九・一％）はもちろん、ドイツ（一九〇七年三六・八％）と比べてもかなり高かった。[9]繊維産業は近代工業として大きな比重を占めていたが、リヨンの絹、パリの工芸品や流行品といったフランス固有の産業も世界的な競争力をもっていた。第一次世界大戦前夜（一九一〇年）において、工業製品は輸出のほぼ五割であり、その中で繊維製品が三分の一以上を占め、その他には皮革製品、木製品、玩具、光学機器や既製服などが目立っていた。食料品は輸出全体の一五％程度で、ワイン、酪農製品などの農産物加工品が大きな比重を占めていた。羊毛、獣毛、ゴムなどの工業原料も輸出の三分の一を占めているが、これは近接諸国との間に深い分業関係が存在することを示すものであろう。フランスの輸出貿易は、合衆国を除けば、圧倒的にヨーロッパに向けられていた。イギリス、ベルギー、ドイツ、イタリアなど、近接八カ国に対する輸出だけで総額の三分の二以上を、ヨーロッパ全体では八〇%を超えていた。それに合衆国を加えると、九〇%近くになった。フランスの高付加価値生産物が、所得水準の高いヨーロッパや、合衆国に根強い市場をもっていたことに留意すべきであろう。輸入貿易はより世界的に広がっていた。輸入に占めるヨーロッパの割合は三分の二にとどまり、工業原料輸入は輸入総額の三分の二に達していた。[10]

フランスの貿易収支は一八七〇年代後半からほぼ一貫して赤字であったが、サーヴィス、旅行、海外投資収益で相殺して、経常収支は八〇年代から黒字であり、九〇年代後半からは大幅な黒字を記録した。この場合、フランス固有の高付加価値産業、高貯蓄が経常収支の黒字に貢献していることに留意すべきであろう。証券を中心とする対外投資は第一次世界大戦前まで増大傾向にあり、在外資産は三八〇億フラン（七三億米ドル）でイギリスの在外資産の四〇%に達していた。対外投資の約三分の一は北東欧、とくにロシアに向けられていた。[11]ヨーロッパ全体としては五六%を占めていたが、南欧向けの比率は減少傾向にあった。熱帯や新植民地（カナダ、アルゼンチン、南アフリカ、大洋州）の比率は増加傾向にあったが、イギリスやドイツに比べて低かった。フランスは短期資本の輸出において大きな地位を占めていた。パリの諸銀行はドイツをはじめヨーロッパ諸国向けに短期資本を豊富に供給し、中央銀行のフランス銀行も大きな金保有を基礎とした安定的な金利政策によって、こうした活動を支えていた。またフランスはイギリスに次ぐ植民地帝国であった。植民地は本国領土の二二・四倍にも達していた。アルジェリア（一八三〇年）・チュニジア（一八八一年）をはじめとする北アフリカ、インドシナ（一八八四～八五年）、マダガスカル（一八八六年）などが主要な植民地である。しかしフランス経済に対して植民地がもつ意義は、イギリスのように高く評価できない。ただ植民地は世界における軍事的・政治的存在に貢献するだけでなく、将来の開発がもたらす経済的価値への期待を与えた。なかでも北アフリカ植民地への投資は第一次世界大戦前に拡大し、経済発展の新しい道の一つを示していた。

一八九二年に導入されたメリーヌ関税法は、穀物関税の引き上げと同時に工業製品についても保護措置を強化した。強力な保護関税政策の導入は、一九世紀末大不況に伴う農業、工業の不況に対処する防御的な性格をもつものであった。これはほぼ同時期にドイツで進められた新航路政策が、農業関税の引き下げや関税交渉による互恵によって、ドイツ産業のヨーロッパ市場への拡張を意図したのと、対照的であった。保護主義的政策は、一方ではフランス固有の高付加価値産業の維持・発展に貢献し、他方では経常収支の黒字の拡大により対外投資を拡大した。一八九五年以降、商品貿易の赤字が縮小したが、旅行・観光収入の増大、投資収益の増加によって経常収支の黒字は増加し、フランスの資本輸出能力は強化された。ただ一九〇七年恐慌以後、とくに一九一一年以降、商品貿易の赤字が著しく増大し、投資収益などの項目の増加にもかかわらず、経常収支の黒字縮小に導き、資本輸出能力は低下した。第一次世界大戦前には国際的な政治危機の影響も加わって、フランス銀行は割引率を高く維持せざるをえなくなる。[12]

二〇世紀に入って、フランスの政治は急進社会党を中心とした急進派によって担われた。[13] 共和派・王党派・カトリック勢力の保守派は、ドレフュス事件のような政治的抗争の中で勢力を失っていた。しかし、中小経営者や農民を社会基盤とする伝統的な政治体制を、大きく変えるものではなかった。外交政策においては、確かにより攻撃的、積極的になったとはいえ、植民地の確保・拡大、ドイツの包囲・掣肘といった方向は一貫していた。メリーヌ関税法以後、新産業や新市場のために新しい通商政策がとられることはなかった。

これは金融利害にとって安定的な金融市場を維持する上で好都合であったかもしれない。急進派政府は、議会内の社会主義派の協力を得て、週休制や労働者老齢年金制度の導入など、社会改革諸法を制定した。しかし、こうした政策は労働者の社会統合に対して有効性を発揮したとはいえなかった。議会外では、労働運動はなお分散的な中小経営の労働者を中心とした運動としての性格を強くもっていた。一八九五年に労働者の全国組織、労働総同盟ＣＧＴが成立していたが、そこでは革命的サンディカリズムが強力であった。この政治思想は、議会政治から独立した労働者の自律的運動を基盤に、ゼネスト戦術を駆使しながら、資本主義を廃絶して新社会を樹立することを目標としていた。急進派政府は革命的サンディカリズムによる運動と結局は対決せざるをえなくなったが、労働運動内部でもこうした路線の限界が意識されることになる。

（２）工業の中心

合衆国　アメリカ合衆国は一九世紀末から二〇世紀初頭にかけて急激な経済成長を遂げ、世界の産業的巨人に成長した。第一次世界大戦前に、合衆国は広い分野にわたって、西ヨーロッパ全体と対比しうるほどの産業を保有していた[14]。大戦直前で見ると、銑鉄生産で世界の四二％、粗鋼で四四％、綿花消費量で二九％を占めていた。すでに見たように、大型企業体の形成により、合衆国は当時の数多くの先端産業において、世界をリードしていた。二〇世紀初頭の数年は、大型の企業合同が広範に進行した時期であり、市場支配力をもった大型企業体が数多く成立した。労働力の面では、移民による急速な増大があった。一八九一年から一九〇〇年までの一〇年間に移民累計は三六九万人であったが、次の一〇年にはイタリア、中東欧諸国を中心に八七八万人に達した。合衆国の総人口はこの二〇年間に二九〇〇万人増加し、九二〇〇万人にまで増加したが、これら人口増加の多くは鉱工業の労働力の増加に貢献した。巨大な市場が生まれ、高度な経済成長が実現され、世界経済に大きな変化をもたらした。九〇年代末から工業化が急速に進行したことは、合衆国の対外経済関係に大きな変化をもたらした。一八九〇年と一九一三年とを対比すると、輸出貿易は二・九倍に増加したが、工業製品の占める比率は四八%から六二%に、加工食品を除くと二一%から四九%に増大した。合衆国の貿易収支は一八七〇年代から僅かな年を除いて黒字であったが、資本投資収益や旅行者費用の支払いのため、経常収支は継続的に赤字であった。ヨーロッパからの年々の資本輸入によってこの経常収支の赤字は相殺されるとともに、僅かながらも資本輸出が可能になっていた。こうした事情は、一八九〇年代末以降大きく変化し、経常収支が大幅に黒字となり、加えて資本輸入は継続していたので、合衆国の資本輸出は、一九一三年までの数年の平均で見ると、直接投資を中心として、イギリス資本輸出の六分の一程度に達していた[15]。

一九世紀末から合衆国は経済的のみならず政治的にも、西ヨーロッパに対抗できる大国へと成長を始める。一八九六年の大統領選挙で共和党のマッキンリーが勝利し、それまでの政治的不安定に終止符を打った。そして共和党政権下で、合衆国は新しい経済政策、世界政策を打ち出す。一八九七年のディングリー関税法は、ヨーロッパに対抗する工業国としての対外経済政策をはっきりと打ち出した。まず第一に、平均税率五七%という合衆国史上最高の関税率を課し、ヨーロッパからの工業製品輸入を遮断しようとした。この関税法は西ヨーロッパ諸国に大きな衝撃を与えた。西ヨーロッパは合衆国からの食料や原料輸入を相殺する輸出品を失うことになり、貿易は一方的な支払い関係になった。第二に、大統領権限に基づく互恵条項が拡大され、各国との交渉によって合衆国の工業製品輸出市場、資本輸出市場の拡大が意図された。合衆国の戦略的市場は、アジア、イギリス自治領、そしてとくに中南米であった。

一八七三年の貨幣鋳造法はすでに実質的な金本位制を採用していたが、銀の自由鋳造によって金銀複本位制の導入を図る運動があり、政治的に大きな争点となっていた。一九〇〇年の金本位法 Gold Standard Act は合衆国の金本位制を最終的に確立した。しかし合衆国には、ヨーロッパ諸国がもっていたような中央銀行がなかった。中央銀行なしには、銀行券発行権限を集中し、最後の貸し手としての機能を担い、国内の季節的資金需要や、景気変動による資金需要の変動を調節し、外貨準備維持の責任を負うことができない。中央銀行の役割は、紙幣発行権を握る財務省が代替するほかはなかったが、非弾力的であり、最後の貸し手や金融調節上の機能には限界があった。一八六三年法に基づく国法銀行は、国債を担保に銀行券の発行を認められたが、発行額は限られており、非弾力的であった。国法銀行をはじめとして国内諸銀行は、コルレス網（遠隔地の諸銀行とあらかじめ契約し、その仲介により、現金輸送によらないで決済、資金移動を行うこと）の利用のため、ニューヨークの諸銀行に預金準備を置くことが通例であった。この結果、ニューヨーク諸銀行は国内金融のために準備機能を一定程度担ったが、準備資金はコールローンの形で株式市場において運用されたので、急激な金融逼迫に対応できなかった。結局、最後の貸し手の機能は、輸出貿易により巨額のバランスが発生するロンドン、あるいはイングランド銀行に直接依存せざるを得なかった。一九〇七年恐慌の際には、巨額の金がロンドンから合衆国に流出し、イギリス、さらにはヨーロッパの金融市場を震撼させた。恐慌後、ようやく合衆国独自の中央銀行制度が実現されることとなる。一九〇八年に設立された全国通貨委員会 National Monetary Commission が中央銀行制度の調査研究を進め、一九一二年に議会に法案が提出され、一九一三年末にウィルソン大統領の下で連邦準備法 Federal Reserve Act が成立した。この法律によって、一二の主要都市に連邦準備銀行が設立され、連邦準備局（一九三五年に連邦準備制度理事会に改組）がこれら準備銀行を統括する最高決定機関となった。それと同時に、合衆国の諸銀行の海外支店の設立、為替手形の引受けが認められ、国際金融市場への参入とドルの国際化の道を切り拓いた[16]。

西ヨーロッパ大国間の帝国主義的対立の中で、合衆国は様々な試行錯誤のうえ、独自の世界政策を見出していった。海外への進出、世界政策を推進しようとする政治勢力は一八九〇年代に入ると強くなった。マッキンリー大統領は、一八九八年に対スペイン戦争によって、スペインからキューバを独立させ、フィリピンを植民地として領有することに成功した。こうした帝国主義的行動の一方で、中国に対しては、中国の領土・統治権を尊重し、経済的進出について、各国に平等な権利を保障する、「門戸開放政策」open door policy を主張した。門戸開放政策は合衆国の世界進出を否定するものではない。しかし、ヨーロッパの大国や日本が領土や権益の領有・独占によって植民地化を推進する方向とは異なっていた。後発国である合衆国は世界進出について、ヨーロッパとは異なる政策をとる必要があったのである。セオドア・ローズヴェルトは、革新主義的政策をとり、独占、労働組合、消費者保護、さらには自然資源管理などの問題を解決しようとした。それは新しい時代の国民統合を実現する方向を示唆していた。合衆国でも大都市や大企業町が形成され、ヨーロッパと同様の、国家による経済的・社会的関与の必要性が高まっていた。行政権力を強化するとともに、国民の社会統合を促進する政策が実行された。しかし、政府の役割は拡大していき、工場法などの労働者保護立法は進められたとはいえ、ヨーロッパのような国家による社会保障政策は見られなかった。すでに触れたように、多数の大型企業体は「福祉資本主義」を実施し、自身で社会問題に対処しようとしていた。政府や労働組合の介入を排除して、労働契約の内部で企業の経営的合理性に基づき、労働力の編成を維持しようとした[17]。大型企業体は、合衆国ではすでに大きな政治的・社会的勢力であったが、一般の中小企業に対して、労働市場で自由で強力な地位を確保することを目指したのである。こうして合衆国では、新しい時代の社会保障システムがまず企業を中心として形作られていく。それは合衆国型の社会統合の方向を、新しい国家の構造を示すものであり、合衆国の世界政策を支える土台になるのである。

ドイツ　二〇世紀を代表する工業大国として、ドイツは合衆国と対比される。この両大国は二〇世紀世界システムの構築に関して競合した。ドイツはヨーロッパの中央部に位置し、ヨーロッパの工業的心臓部を形成した。二〇世紀初頭には、ドイツの工業力は質量においてイギリスやフランスを凌駕していた。ドイツでは合衆国と同様、電気、化学、鉄鋼などで、最新技術をもつ大型企業体が形成されていた。電気では、ジーメンスやAEG、化学ではヘキストやバイエルなどの、染料や薬品で独占的技術をもつ大型企業体が生まれていた。しかしドイツは大きなハンディキャップを負っていた。合衆国に対比すると、二〇世紀初頭、人口では約四分の三（五六〇〇万）であったが、所得水準が低く、GDPでは三分の一に達しなかった[18]。人口もGDPも急速な成長を示したが、合衆国には及ばなかった。一九〇〇～一〇年の一〇年間に、ドイツでは人口は約一五%、GDPは約三〇%成長したが、合衆国ではそれぞれ二〇%、四七%の成長であった。このことは、国内市場規模が決定的に小さかったことが大きく作用していた。輸出貿易を拡大することが、ドイツにとって最重要課題であったが、最大の市場であるヨーロッパは、大小の国家が林立しており、ほとんどの国が高関税政策を実施していた。ヨーロッパは、一九一〇年にドイツの輸出貿易の四分の三を占めていた。これに対してヨーロッパからの輸入は全体の五八%に過ぎない。ドイツは先進的な工業国として原料・食料を世界の各地から輸入していた。こうした輸出と輸入の地域的食い違いは、ドイツにとって経済的のみならず政治的にも大きな問題であった。

なにより国際収支において、ドイツは大きな問題を抱えていた。貿易収支は、普仏戦争後の好況期から一八七三年恐慌後の不況を通じて大幅赤字が続いていたが、一八七九年の保護主義的関税政策への移行後、八〇年代は全体的に均衡が続いた。しかし八〇年代末から、工業化の進展とともに、原料、食料の輸入により、貿易収支は再び大幅赤字になった。九〇年代は「中欧通商条約」mitteleuropäische Handelsverträge の効果もあり、赤字幅の拡大は抑えられたが、一九〇〇年代に入ると、再び拡大傾向を示し、国際収支に圧力を加えた。確かに、運輸収入を中心とする役務収入や外国からの所得収支は国際収支に貢献した。所得収支は主に年々積み上げられた対外投資からの収益であったが、イギリスと比較した場合、一八九〇年に八分の一、一九一〇年に七分の一程度で決して高いとはいえなかった[19]。年々の経常収支は平均的には黒字であり、資本輸出能力があったと思われる。しかし、それは決して高くなく、また増加傾向にもなく[20]、増大するドイツの資本輸出需要に対応するものではなかった。それどころか、景気の高揚期には、貿易収支の急激な悪化が発生し、一九〇七年恐慌のように、国際収支と金融システムの深刻な危機を生み出す恐れがあった。

いわゆる「ライ麦と鉄の同盟」による、一八七九年の保護主義的関税改革は、ドイツの政治と経済に大きな変化をもたらした。一八六〇年代のいわゆる「上からの革命」は、ビスマルクの指導のもと、軍・官僚組織の執行権力によって実行されたが、広汎な国民自由主義的基盤に立っていた。しかし長く続く不況の中で、国民自由主義的基盤は、貿易政策をめぐる政治抗争の中で分裂した。保護主義政策への転換の主力は、鉄鋼、石炭、機械の「重工業」であり、繊維などの大企業を糾合して、政治団体、ドイツ工業家中央連盟（CVDI）を結成した。この団体は、帝政期を通じて帝国指導部に対してもっとも強い影響力を行使した。保護主義政策は、価格協定、生産割り当てなどのカルテル形成を促進した。また企業の集中と集積による大規模化がこれを助けた。一八九三年に「ライン゠ヴェストファーレン石炭シンジケート」（ＲＷＫＳ）が結成された。[21] 保護関税は、外国市場における競争に対抗するために、輸出価格を国内カルテル価格より低く維持することを可能にした。カルテルと輸出促進のこうした結びつきは、シュンペーターが「輸出独占主義」export monopolism としたものであり、[22] ドイツの国内市場の狭隘性を克服する一つの手段となった。規模や強固さにおいて差があったが、ドイツでは数多くの独占協定が成立した。合衆国と異なり、ドイツの裁判所はカルテルに対して寛容であった。一八九七年の有名な帝国大審院判決は、カルテル契約に違反する行為を、営業の自由を根拠として免責することはできないとした。[23] 営業の自由を公序としてカルテルへの適用を認めず、カルテルにおける契約の自由を優先させたのである。しかしカルテルは、石炭シンジケートや高度の技術独占をもつ例を除いて、決して安定的とはいえなかった。ドイツ国内においても、強力なアウトサイダーが存在したし、石炭における専業炭鉱と「混合企業」Gemischte Werke がもつ炭鉱との利害対立があり、後者の比重が次第に大きくなる傾向があった。

ドイツは金融組織においても独自性をもっていた。ドイツの信用銀行は、商業銀行業務とともに投資銀行（証券）業務も併せもつユニヴァーサル・バンクである。[24] ベルリン六大銀行を頂点とした、こうした信用銀行組織は一八九五年以降の急速な経済成長を支えた。第一に、拡大する資金需要を支える「産業金融」のシステムであった。銀行はいわゆる「当座勘定業務」Kontokorrentschäft を通じて、各企業の資金需要に継続的・機動的に対応した。[25] しかし反面でこのことは、銀行の流動性の低下傾向を強めることになり、銀行は社債、株式の発行・売り捌きなどの証券業務によってこの傾向に対処した。とはいえ、流動性問題はドイツの信用銀行にとって大きな問題であり続けた。第二に、国際金融の部面において、ドイツの世界市場への進出に伴って、輸出や輸入に対する信用供与、さらに資本輸出業務は、ドイツの大銀行の重要な役割となった。各銀行は資金需要に応えるため、フランスやイギリスなどから短期資金を取り入れた。ドイツが「短期借り・長期貸し」の国とされる理由である。しかし、莫大な短期資金は恐慌やモロッコ危機のような政治的事件の際、突然の引き揚げによって深刻な金融危機をもたらす恐れがあった。こうした信用銀行の活動にとって、ドイツの中央銀行、ライヒスバンクは大きな支えであった。ライヒスバンクの金融政策は概して産業促進的な傾向をもっていた[26]。そしてライヒスバンクは、諸銀行に対して必要な時はいつでも公定の金利で手形再割引やロンバード（証券担保付貸付）に応じた。いわゆる「流動性保証」である。このため、信用銀行は流動性問題を抱えながらも、季節的な、あるいは景気変動による金融逼迫時にライヒスバンクから資金を確保することができた。

ビスマルクの退陣後、カプリヴィ（Leo von Caprivi）の下で始められた「新航路」Neuer Kurs 政策は、ドイツ経済を新しい時代へと導いた。一八九一年から一八九四年にオーストリア＝ハンガリー、イタリア、ベルギー、スイスをはじめ、ルーマニア、セルビア、ブルガリア、さらにはロシアとの通商条約を次々と締結した。通商条約締結の手段は、ドイツ側の穀物関税の引き下げという譲歩であり、ヨーロッパの広い地域にわたって、互恵的な関税率の緩和が実現した。これらの「中欧通商条約」を契機として、ドイツの世界経済への進出が加速された。そして、ドイツを高い経済成長、長期の「繁栄期間」に導く画期となった。経済成長とともに、電気機器や化学のような新産業が発展し、また工業の多様化が進展したが、その結果、鉄鋼や石炭を中心とした重工業は産業構造内での比重を低下させ、かつてのような強い政治的指導力を発揮できなくなった。しかもドイツの世界経済への進出は、ドイツの政治状況を大きく変化させた。まず東部ドイツのユンカーは、穀物関税の引き下げに反対するため、一八九三年に西部の農業利害を巻き込んで、農業者同盟Bund der Landwirteを結成した。東部の農業利害は政治的中枢から圧力団体へと転換した。また一八九五年には、重工業中心の工業家中央連盟に対抗する政治組織、工業家同盟Bund der Industriellenが結成された。もっとも重大なことは、ドイツ社会民主党が、自由労働組合を基盤に勢力を拡大し、帝国議会をはじめとして、強大な勢力となったことである。内部でより穏健な修正主義勢力が築かれていたとはいえ、反体制的な政治路線は維持された。いかにして労働者を市民社会に統合するかということは、やはりドイツ社会の基本問題であった。ベルレープシュ、ミーケル（Johannes von Miquel）、ポザドフスキらによって、労働者保護法の整備、社会保険の拡充など、社会政策は新たな展開を見たが、労働者の民主的な政治的権利の保障など、多くの点が未解決であった。こうした内政上の大きな問題を抱えながら、帝国指導部は世界政策の推進のために多くの政策的課題を実現せねばならなかった。[27] またドイツの世界経済への進出は、イギリスを中心とした既存の国際政治システムと摩擦を引き起こした。それは、ドイツにヨーロッパおよび世界における政治的・軍事的ポジションを引き上げるという国民的課題を提示した。そして海軍省長官ティルピッツ（Alfred von Tirpitz）によって開始された艦隊政策、その実現のための帝国議会や国民各層の諸利害を結集する運動につながっていった。もう一つは、国内外の政治的・経済的状況に対応して、通商条約体制を修正するという課題であった。一九〇二年に、帝国宰相ビュロー（Berhard von Bülow）は、新しい関税法を実現した。この法律は穀物関税を引き上げ、全体として保護関税体系を強化した。そこには、農業利害への譲歩があるが、帝国指導部は、世界的な保護主義の強い流れに対応して、関税率を通商条約の締結を許容する範囲に収め、同時に、艦隊政策のための帝国財政の安定にも配慮することができた。[28] しかし、これで強力な政治的指導体制が出来上がったとはいえず、様々な政治勢力の結集が図られたが、第一次世界大戦勃発まで不安定な状態が続いた。

二　周辺工業化の進展

一八九〇年代後半から第一次世界大戦にいたる時期に、周辺地域の一連の国で工業化が進行し、世界的な経済の高揚局面を支えた。こうした周辺工業化を推進する国は、ほとんどの場合、一九世紀第三四半期から、工業化のための自由主義的改革を実施し、一九世紀末から二〇世紀初頭に、なお中心諸国に資本や生産財などを依存しながらも、工業国としての性格をもつにいたった。こうした周辺工業化の例は、北欧のスウェーデン、南欧のイタリア、中欧のオーストリア゠ハンガリー、東欧のロシア、東アジアの日本、そして北米のカナダに見ることができよう。周辺工業化は二〇世紀初頭の世界経済の成長に貢献したが、その構造を複雑化し、国際政治に対立と撹乱の要素をもちこむことになった。[29]

周辺工業化は、それぞれの国で多様な形態をもっているが、その共通する問題は、その国が①政治的に権力の凝集性と自立性を維持できるか、②先行する社会と経済を政策的に改革し、市場経済と資本主義の発展に適合的な経済秩序を創出できるか、さらに③工業化のための資金ファンドを国内的、国際的に調達できるか、また基幹商品 staple goods の生産、輸出により、資本、生産財、技術の輸入を実現できるか、またさらに④基盤とする農民経済と工業化を先導する重工業・軍需工業などの上部組織とのかい離、階層間のあるいは地域間の所得格差——しばしば工業化の進行とともに拡大する——をいかに埋め合わすか、そして反社会勢力、反工業化勢力を統御する政治機構を構築し、安定した労働者階級と、金融や産業における新興の経営者層を創出・養成しうるか、といった問題である。そして当面の段階では、⑤世界経済の再編成、とくに米・独という新しい工業の中心の形成の下で、工業化をより高い水準に引き上げ、周辺性の打破を図るとともに、国際収支均衡を維持し、国内的な社会問題に安定を与えることが課題となる。

周辺工業化諸国の中で、スウェーデンとカナダは、封建的な土地所有の制約が弱い点と、イギリスの影響力の下にありながら、ドイツ、合衆国という新しい工業の中心の形成と非常に強く結びついた工業化であった点で特徴的である。

スウェーデン　スウェーデンはバルト海を支配する強国の地位を失った後も、ヨーロッパの勢力均衡の中で国家的な自立性を維持することができた。政治体制において、立憲君主制を比較的早く樹立し、一九世紀を通じて政治的民主主義を推進した。スカンディナヴィアはイギリスや西ヨーロッパを中心とした経済圏の周辺として、木材、錬鉄、穀物などの輸出地域であったが、こうした性格はイギリス産業革命後も一八七〇年代ないし八〇年代まで続いた。社会的には、多くの周辺諸国と異なり、大土地所有の影響が弱く、自立した農民層が支配的であった。大きな転換は一八九〇年代後半からの大不況克服過程で現れた。デンマークがバター、養豚などの高度農業へと転換を進めたのに対して、スウェーデンは、ドイツの工業化の強い影響を受けつつ、水力発電、パルプ・製紙、加工木材、金属製品などで優位性を発揮した。スウェーデンはヨーロッパ貿易の中で、ドイツとイギリスの貿易ルートの迂回路の地位を占め、国際収支においてイギリスに対しては受取り超過、ドイツに対しては支払い超過であった。ドイツ工業との連携を維持しながら、成長する諸工業のために、イギリスやフランスなど、西ヨーロッパを中心に市場を拡大していった。一九一〇年にスウェーデンの輸入の三四・四%はドイツからであり、輸出の三八・七%はイギリスに対してであった。第一次世界大戦前に貿易収支の赤字が増大する傾向にあり、一九一〇年には一七六百万クローネ(約一〇百万ポンド)もの赤字を記録した。スウェーデンにとって、より一層の工業化のためには、人口の国外流出を防ぎ、安定した労働者階級を維持し、国内の社会統合を進める必要があった。こうした社会統合は、一八八九年設立の社会民主党と農民利害を代表する農民党との連帯の方向で醸成され、スウェーデンの二〇世紀国家への道を切り拓いた。[30]

カナダ　他方カナダは、一八六七年にイギリス自治領としての地位を獲得し、首相マクドナルド(J. A. Macdonald)による保護関税政策の下で開発と工業化を進めるナショナルポリシーを目指した。しかし目的の達成は多くの困難を伴った。一八八〇年代にカナディアン・パシフィック鉄道のような東西を結ぶ鉄道が施設されたが、厳しい自然条件の下で西部開拓は進捗せず、カナダ移民が合衆国へ流れるという現象が見られた。ただ合衆国の工業化は、カナダの木材輸出、鉱山開発を推進し、またオンタリオ、ケベックの両州を中心として合衆国企業の進出やそれと関連するカナダ企業の形成があった。大きな転換は一八九〇年代後半以降の急激な経済成長であった。その要因は、第一に「小麦ブーム」であった。乾燥地用の新農法と栽培品種の改良という二つの技術革新によって、北部平原の耕作が可能になった。加えて小麦価格の上昇があり、これらの要因は大量の開拓民の流入を導いた。カナダの人口は、一八九一年に四八三万人であったが、一九〇一年に五三七万人、一九一一年には七二一万人となり、二〇年間に二三七万人、約五〇%増加した。小麦ブームは大きな国内需要の形成に結びついた。第二に、こうした小麦経済の誕生とともに、同じ時期の合衆国における産業発展がカナダ工業化の牽引力となった。鉄道などのインフラ整備、また水力発電、鉱山開発などへの投資が進み、合衆国経済への依存と結びつきはさらに深化した。一八九〇年と一九一〇年とを比較すると、カナダの輸出は八二・三百万ドルから二七九・二百万ドルに、約三・四倍に増加している。輸入は一一一・七百万ドルから三六九・八百万ドルに、三・三倍の増加である。輸出の著しい増加は小麦輸出の増加によるが、輸出先は圧倒的にイギリスであり、輸出総額の五〇%程度を常に占めていた。輸入の増加は、圧倒的に合衆国からであり、一八九〇年にはすでに輸入総額の四六%を占めていたが、一九一〇年には五九%にまで比率を増加させていた。貿易収支においては、イギリスに対する大幅黒字（一九一〇年に四四・二百万ドル）と合衆国に対する大幅赤字（同、一一三・三百万ドル）という特徴をもつが、第一次世界大戦前に赤字（同、九〇・六百万ドル）が増加し、国際収支はイギリスと合衆国からの資本輸入に大きく依存していた。[31]

イタリアとオーストラリア＝ハンガリーは、近接するフランスやドイツの強い影響力の下で工業化を進めたが、いずれの場合も工業化の先進地域と巨大土地所有の支配する地域の間に対立的な構造が形成され、雇用や所得の地域間格差を生み出した。

イタリア　イタリア半島は、政治的分裂が続いただけではなく、ウィーン体制下でオーストリアが北部の広い地域を支配し、また法王庁と教会国家が強い影響力を保持したため、国民国家の成立が長く妨げられていた。ようやく一八六一年のイタリア王国の成立によって、リソルジメント Risorgimento（政治的統一）

がほぼ実現し、一八七〇年代初めには完成した。統一国家の成立によって、工業化のための前提条件が作り出された。周辺工業化に一般的に見られるように、鉄道建設や銀行組織は、ここでも工業化の出発点であった。政府財政と資本輸入に支えられて、鉄道建設は強力に推進された。一八六〇年に二四〇〇キロに過ぎなかった鉄道路線は一八八〇年には九三〇〇キロにまで達していた。鉄道建設に牽引されて、製鉄、機械などの基軸産業も生成した。北西部には、トリノ、ジェノヴァ、ミラノの工業三角地帯が形成された。しかし工業化政策は国家財政を絶えざる危機に導いた。国家債務は異常に増大し、国家の租税収入の一〇倍以上に達した。国家の財政収入の主要項目は、間接税（悪評高い製粉税など）、専売益金、地租、営業所得税であったが、これらの負担はほとんど、人口の大多数を占める農民や小規模工業経営者によって担われた。リソルジメントにおいては、ロシア農奴解放や日本の明治維新のような土地改革はなかった。イタリアは大きく異なる、三つの農業地帯からなっていた。北部は農業先進地帯であり、アルプス丘陵の零細農民とポー河流域の資本制的な大規模借地経営からなっていた。またトスカナを中心とする中部は折半小作制 mezzadoria が支配的であった。南部はラティフンディア（巨大土地所有）が支配する、粗放的な大農業を特徴とする地帯であり、イタリア資本主義の構造的な「南部問題」Mezzogiorno を生み出した。一般的にイタリアでは零細耕作農民が人口の圧倒的部分を占めていたが、租税負担や小作料・抵当利子支払いは農民の窮乏化をもたらし、市場経済と資本主義の発展はこうした傾向を推し進めた。このことは南部においてもっとも深刻であり、経済格差の拡大はイタリアの社会的・政治的不安定の源となった。

一八九三・九四年に銀行危機が発生し、イタリアの金融システムが再編される。一八九三年の法律は、新たに設立されたイタリア銀行を中心として、発券銀行を三行に制限し、金準備と発券量の制限など、中央銀行機能を担うための諸規制が加えられた。またそれまで大きな影響力をもっていた、フランス型の投資銀行が破綻し、新たに、イタリア商業銀行やイタリア信用銀行のような、ドイツ型のユニヴァーサル・バンクがドイツ諸銀行の援助の下に設立された。フランスに代わって、ドイツの影響力が大きくなり、また政府の産業保護政策が進められる中で、イタリア経済は一八九〇年代後半から急成長を遂げた。造船・海運、機械などに成功企業が現れた。アルプスの水源を利用した電力開発は、イギリスやフランスに匹敵する発電量を生み出し、石炭資源の欠乏をカヴァーした。一九〇五年の鉄道国有化は、国の大幅な関与によって、運輸体系の整備とともに、すぐれて計画的な工業化を推進した。綿工業は北西部、ナポリなどに根づき、輸出産業として成長した。第一次世界大戦直前、綿紡績紡錘保有数は、世界第六位の約四六〇万錘で、日本の二倍以上であった。しかし、イタリアの工業化は大きな脆弱性をもっていた。イタリアの輸出貿易において、生糸は最大の品目であり、一九〇〇年に輸出総額の二六%を占めていた。生糸は繊維製品というより、工業原料に属しており、アルプス南斜面の零細農民の養蚕に依拠していた。しかし中国や日本の生糸の進出により競争にさらされ、とくに一九〇七年恐慌以後、輸出の主軸としての地位を後退させ、一九一三年には輸出の一六・三%にまで減少した。近代工業としての綿工業も関税保護の下で、輸入代替の役割は演じたものの、輸出競争力は大きくなかった。反面で、穀物輸入の増大と工業化に伴う原材料輸入の増大が続いた。その結果、貿易収支は悪化し、とくに一九〇七年以降継続して大きな赤字が続いた。ドイツ、合衆国、イギリスなどへの高度工業製品の依存、合衆国、東欧への食料依存が重荷になった。確かに船舶・観光収入と移民送金が救いであったが、国際収支の維持は困難を極めた。[32]

オーストリア＝ハンガリー　オーストリア＝ハンガリーにおいては、イタリア以上に地域間格差が構造的な問題となった。[33] 対プロイセン戦争の敗北のあと、一八六七年に締結された「妥協」Ausgleich は、オーストリアとハンガリーという二つの帝国が、ハプスブルク家の皇帝の下に統一するという特殊な国家形態を作り出した。皇帝の中央政府の権限は、外交・軍事と最小限の財政・経済面の調整のみに限定された。そのため統一的な財政政策や経済政策は多くの点で実現に困難が伴った。関税地域は統一されたものの、関税率などで、両国の利害はしばしば対立した。ハンガリーは農業的な地域であり、マグナーテンという巨大土地所有貴族が強い影響力をもっていた。これに対して、オーストリア、あるいはライタ河以西 Cisleitha 地域は、大土地所有貴族の影響力も残されているとはいえ、チェコ地方（ボヘミア、モラヴィア、シュレジア）を中心に工業化地域が形成された。チェコ地方は、エルベ河を経由し、ハンブルクを通じて北海、大西洋につながり、また亜炭、無煙炭など石炭資源にも恵まれ、加えてドイツの圧倒的な経済的影響の下に、工業化が早くから進行していた。すでに一八五〇年代、六〇年代から鉄道建設が進み、綿、羊毛の繊維、甜菜糖精製や醸造などの食品加工の発展が見られたが、一八七〇年代末より保護関税政策が強化されるなか、金属、機械製作が大銀行の支援の下に根づいていった。チェコの工業化は、二〇世紀の初年、ドイツの繁栄に牽引されて加速した。しかし国内市場の成長には限界があった。そのことは、地域間の所得格差の拡大に示されている。第一次世界大戦直前、チェコ地方の一人当たり年所得は六三〇クラウン（約二六ポンド）で、ハンガリーや他のオーストリア地方の所得の二倍近くに達していた。[34] 近代工業製品の輸出市場としてはバルカン諸国、トルコなどが主な目標となったが、自身の関税政策や複雑な民族対立が大きな障害となった。第一次世界大戦前数年は貿易収支の大幅赤字による国際収支の緊迫もあった。資本財の輸入により、対ドイツ収支が赤字に転換し、同時に合衆国やロシアからの食料・原料の輸入が増大したのである。移民の送金は国際収支を維持する上で大きな救いであった。こうした経済問題に加えて、より深刻な問題は、多民族国家における民族間対立であった。民族間の政治的・社会的対立は、結局、第一次世界大戦後に「二重帝国」を分裂・解体に導くことになる。

日本とロシアは、資本主義の中心から比較的離れている点と半封建的な地主制度が支配していたという点で共通している。

ロシア　ロシアはクリミア戦争の敗北のあと、一八六一年に農奴解放を実施した。農奴解放は、西ヨーロッパ列強に対抗するため、それまで支配的であった農奴制を解体し、国内政治体制を安定させ、工業化を促進することに向けられていた。(35) 農奴制によってすべての農民は人格的自由を得た。また解放された農民には定められた規模で土地が分与された。しかし農民は、旧領主（農奴主）に土地の二分の一から三分の一を割譲し、さらに地代支払い義務を旧領主から買い戻す必要があった。買い戻しのための償却額は地代を資本還元した額として固定され、農民はこの額を債務として肩代わりした政府に長期にわたって年賦で支払う義務を負った。また、解放後も伝統的な農村共同体 mir は基本的に維持されむしろ強化された。共同体は農民への土地配分や割り替えを管轄しており、移動の自由に対する規制や政府に対する納税の連帯責任を担っていた。農民は形の上では、土地所有者となったが、不十分な分与地とこれまで経験したことのない多額の現金の支払いによって、生活はむしろ窮迫した。分与地の不足は、旧領主である大地主からの借地で満たすほかはなかったが、その対価は雇役 otrabotka という労働による支払い――役畜を伴うことが多かった――でなされた。旧領主はいまや大農場主となり、雇役を駆使して穀物などの農産物を市場向けに生産した。こうした穀物は、鉄道などの交通手段の改善によって大規模に輸出された。また地主収入の一部は地主銀行を通じて工業化のための投資に向けられた。

農奴解放は農業構造における大きな問題を残しながらも、ロシアに資本主義と工業化の道を切り拓いた。国家は工業化を強力に推進した。鉄道建設はここでも工業化の有効な手段であった。そして政治的にも軍事的にも大きな意味をもっていた。すでに一八五七年に鉄道建設勅令が発布され、建設の促進のため、利子配当の保証や鉄道国有化などの手段がとられた。西ヨーロッパからの借款、資本輸入は鉄道建設や工業化促進の重要な手段であったが、国内の財政資金は、工業化政策の基盤であった。租税政策や財政政策は、工業化の基本的なシステムを創出した。財政資金の調達源は、主として人口の八割を占める農民にあった。償却金や人頭税とともに、市場経済の発展によって砂糖、マッチ、石油、タバコなどに対する間接税が大きな財源として農民から吸い上げられた。共同体農民が、脆弱な経営と市場経済への対応、さらにこうした現金支払いの負担の下で、都市や工業地帯への出稼ぎや流出を余儀なくされることは広汎な現象になり、工業化のための労働力の供給源となった。工業化のために対外経済関係を構築することも、大きな課題であった。ロシアの基幹的輸出商品は圧倒的に穀物であった。鉄道建設や内国植民と新たな穀作地の開発は、穀物輸出能力を拡大した。穀物輸出による収入を、中心工業国からの資本財の輸入と資本輸入に対する利子配当の支払いに充てることが国際収支にとって肝要であった。貿易収支は初期を除いて黒字が拡大していった。またフランスなど西欧諸国からの資本輸入の増大はロシアを巨大な債務国にしたが、他方では西欧諸国に巨額の短期資本を保有し、為替の安定と外交手段に役立てた。

帝政ロシアの工業化路線は、一八九二年から一九〇三年まで大蔵大臣であったヴィッテ（Sergei Witte）によって集大成された。ヴィッテは厳格な保護関税政策を維持しながら、大規模な資本輸入によって、鉄道建設を進め、工業化を加速した。また為替の安定と直接、間接の資本輸入を促進するため、一八九七年に金本位制が導入された。シベリア鉄道の建設は、ヴィッテの工業化政策の象徴的な事業であった。この鉄道は一八九一年から一〇年以上の歳月を費やして完成した。その戦略目標は、西ヨーロッパから極東にいたる輸送ルートを建設、確保するとともに、ロシアの工業のために極東市場を開拓することであった。ヴィッテの時代に、外国企業の直接投資も広がった。フランスやベルギーを先頭に西ヨーロッパの企業が進出した。ウクライナには、石炭、鉄鉱石の開発を基盤に重工業地帯が展開し、ペテルブルグやリガを中心としたバルト海沿岸には金属加工業や機器製造業が形成された。石炭ではフランス資本、石油ではイギリス資本、化学ではドイツやフランスの資本が大きな比重を占めていた。優れた自然条件と広大な国内市場は、鉄道などのインフラ整備によって、外国企業に高い収益性を与えた。

しかしヴィッテの工業化方式は、二〇世紀初頭に大きな反動に直面した。一九〇〇〜〇三年に重工業部門を中心に恐慌が起こった。そして景気の回復を見ないまま、一九〇四〜〇五年の日露戦争、一九〇五年革命へとつながった。一九〇五年革命は工業化がもたらした社会的危機であった。革命では農民、労働者、都市市民、帝国内諸民族の反乱が起こった。農民問題はとくに深刻であった。工業化は農民に恩恵を与えず、没落し都市に流出する農民が増大し、共同体は次第に貧困化した。こうした状況を脱却するため、ストルイピン首相（Petr Arkad'evich Stolypin）は、納税など連帯責任を担う共同体を解体し、フートル、オートルプという富農層を創出する政策——下層民は地主経営の雇用労働力として温存——を実施した。この自由主義的な農業改革によって、富農層は強化され、国内市場の拡大の道が切り拓かれた。折からの国際的な穀物価格の上昇は、外国資本の流入の増大傾向と結びつきながら、一九〇七年から第一次世界大戦までロシア経済に繁栄をもたらした。ただストルイピン改革による共同体の解体は漸進的であり、工業化に伴う社会的危機の要素はむしろ蓄積されていった。また都市と工業地帯で急激に増大する労働者層は、社会政策的対応が進まないままに、社会主義運動の影響下に落ちて行った。第一次世界大戦は、ロシア資本主義に破綻をもたらし、ソヴィエト政権による工業化路線の再編に導くのである。

日本　幕藩体制下の日本は、ペリー来航（一八五三年）を起点として、欧米列強の圧力の下に、鎖国政策を放棄し、イギリスを中心とした国際経済秩序の中に編入されていった[36]。安政の五カ国条約（一八五八年）に示されているように、幕末に締結された通商条約は、関税自主権を否定し、外国人居留地に治外法権を認めるなど、不平等条約としての性格をもっていた。こうした外圧のため、幕藩体制は動揺し、内戦を通じて大きな政治システムの転換が起こり、中央集権国家としての明治維新政府が成立した（一八六八年）。幕藩体制下の身分制度は解体され、四民平等が実現された。また廃藩置県＝秩禄処分により大名等の領主権力は解体され、地租改正の実施により新しい土地所有制度が創出された。地租改正は農民土地保有に私的所有権を付与し、所有者には地価の一定額（三％）の地租を収めることを義務づけた。地租の水準は幕藩体制下の年貢の水準に匹敵する高率であり、地租を集中できた明治政府の大きな財政基盤となった。地租改正はまた地主制度の成立にも作用した。幕末にはすでに、農民の土地保有は売買や質入れを通じて、地主の下に集中され、地主＝小作関係がかなり拡大していた。地租改正はこうした地主の土地所有権を法認した。そして地租改正の実施の過程で、現金地租の重圧のもと、多くの農民が没落し、地主の土地所有は拡大した。農地に占める小作地の比率（北海道を除く）は、一八八七年にはほぼ四〇％に達した。この寄生地主制の下では、小作人は小作地の収穫量の三分の二を超える小作料を現物（米）で地主に支払う必要があり、地主はこの米を売却した後、売り上げの半額程度を地租として支払うことが想定されていた。地租の支払いを担う地主には極めて強い地位が保証されていたのである。農業経営は一般に零細規模であったが、零細経営は労働集約性によって収量を高めることで、小作農民にぎりぎりの生活を保障した。明治初年に就業人口の四分の三が農業に従事していたが、寄生地主制下の農民が家計維持の目的で放出する低廉な労働力は日本の工業化を支えた。しかし小作農民が日本農業を全体的に支配したわけではない。土地所有農民である自作農は、一九世紀末から二〇世紀初頭において農家総数の三分の一以上を一貫して占めていた。この中には、東北・中部地方におけるように、養蚕によって自作農中堅といえる層が形成され、一定の社会的安定の要因となった。

日本の工業化は、他の多くの周辺工業化と同様に、国家によって牽引された。地租として明治政府に集中された農民余剰は、工業化のファンドになった。一八七七年に国家の経常収支のうち、地租は七九％を占め、その後次第に間接税（アルコール、醤油）、あるいは専売益金（塩、たばこ）の割合が増大してくるが、それでも一八八七年に地租は六三％を占めていた。いわゆる殖産興業政策は、「万邦対峙」、すなわち列強に対する軍事的防衛を目的とした軍需工業の創設と、「輸入防遏《ゆにゅうぼうあつ》・輸出増大」、すなわち近代産業、輸出産業を育成することによって、外国製品の輸入を阻止し、輸出を増大させることを目的としていた。国家のファンドは、直接の投資、補助金、あるいは秩禄公債の交付などの間接的な仕方で産業投資に向かった。鉄道、海運、銀行などの事業については、後者の仕方が重要性をもった。殖産興業政策の代理執行人として、政商と呼ばれる一群の企業家が登場し、これらの中から、三井、住友、岩崎のように、家族的資本所有を基盤に様々な事業分野に進出し、財閥と呼ばれる企業グループが生まれた。殖産興業政策は、民間における広汎な産業投資に支えられて初めて成功することができた。なかでも綿工業と製糸業は日本の近代産業の二つの柱であった。綿工業では、大阪紡（一八八三年開業）の成功によって刺激を受け、改良リング機の充用に支えられた、一連の大型紡績企業が設立された。製糸業では、座繰製糸に代わって器械製糸が登場し、南諏訪を中心とした製糸業地帯が形成された。前者においては都市の商人資本が、後者では地主・富農の資本が大きな力になり、また前者は次第に中国大陸市場に進出し、成長の基盤としたのに対して、後者は欧米、とくに合衆国を主要市場としていた。広大な中国市場の確保と世界の生糸市場の支配は日本の工業化にとって不可欠であった。

日本の工業化は成功例であったが、その過程は容易ではなかった。西南戦争（一八七七年）による政治的混乱とインフレーションの後、松方正義による財政と金融の安定、さらに明治憲法の施行と帝国議会の招集による政治体制の成立によって、ようやく工業化の基盤が整備された。そして明治二〇年代初頭（一八八七～九〇年）に企業勃興期を迎え、本格的に工業化が開始した。しかし一八九〇年の世界恐慌、とくに一八九三年の合衆国の恐慌は、生糸輸出を減少させ、日本経済に深刻な打撃を与えた。綿工業を中心とする近代的工業の強力な発展が必要であったが、そのためには大陸市場への進出が不可欠であった。軍事力強化は明治政府の政策の大きな柱であったが、いまや日本の世界政策、アジア政策の手段となった。列強に伍して大陸に権益を確保することは、同時に不平等条約を脱して、日本の政策的自立を確保することにもつながった。日清・日露の二つの戦争は、日本資本主義の興隆の基盤を築いた。清国からの賠償金を基にした金本位制への移行（一八九七年）、日本最初の一貫製鉄所である八幡製鉄所の建設（一九〇一年）、鉄道国有化および南満州鉄道株式会社の設立（一九〇六年）はその諸指標である。日本の輸出入貿易は一八八〇年代後半から急激な成長が一貫して続いた。しかし貿易収支は、工業化が急激に進行する一八九六年ごろから赤字基調に転換し、拡大していく。日本は一方では中国、他方では生糸輸出によって合衆国・フランスにおいて大きな黒字を確保するが、原綿輸入によるインドや生産財・軍需品の輸入によるイギリス・ドイツなどとの赤字をカヴァーできなくなる。こうした貿易収支の赤字は海運収入などの役務によってある程度相殺されたが、国際収支の均衡は資本輸入に大きく依存するようになった。資本輸入の増大に伴い、外債の償還、利子等の支払いも増大した。第一次世界大戦直前には、借款も困難になり、正貨準備の枯渇の危機に直面した。幸いにも第一次世界大戦が勃発し、戦時需要による輸出増がこの危機からの脱出を可能とした。

三　一次産品輸出地域の形成

二〇世紀の初めに、地球上のほとんどすべての地域が資本主義世界の中に統合された。グローバル経済の成立である。資本主義世界への地球上の諸地域の統合は、一五世紀末の地理上の発見に始まる。しかし世界的規模での農工分化の過程が始まったのは、イギリス産業革命によってであり、世界を資本主義生産の拡張と律動の中に組み入れていく。この過程は人類史的な大転換であり、二〇世紀まで続く長期の過程である。一九世紀半ばからは、イギリスを基軸とする自由貿易体制が成立する。自由貿易体制の下で、フランス、ドイツ、合衆国のような国々で産業革命が進展し、また周辺地域でも一連の国々が工業化を開始した。全体としての工業化を牽引したのは、鉄道、海運、電信に見られる運輸革命であった。運輸革命は大不況期に入って、新大陸やその他の周辺地域に広がっていく。鉄鋼蒸気船の効率化と普及が進むとともに海上運賃は低下していき、工業化地域と周辺地域との距離を実質的に縮小した。鉄道は内陸地域の開発・再編を急速に推し進めたし、電信による情報伝達は、情報の正確さと速度を決定的に早めた。[37] 運輸革命の進展の下で、周辺地域の開発・再編は、西ヨーロッパからの資本と労働力によって推進された。イギリスは最大の資本輸出国であった。イギリスの資本輸出能力は、イムラー（A. H. Imlah）が示す経常収支（金銀取引を除く）で計ることができるが、大不況期に一時的な伸び悩みを示すものの、一貫して成長し、とくに一九〇五年以降は急激に増加している。[38] サイモン（Matthew Simon）の研究によって、イギリスの外国証券の新発行における払込み額で、実際の資本輸出の状況を見ると（図4-3-1、基礎数字については巻末の付表4-3-1参照）、同様な結果が示される。すでに一八六〇年代後半から七〇年代前半にかけて、資本輸出額は年平均約五〇百万ポンドで、同じ時期の商品輸出額（国内産）の二四％の規模に達していたが、大不況期前期に伸び悩み、ようやくその後半から二〇世紀初めにかけて、約七五百万ポンド、三〇％にまで漸増した。しかし一九〇五～一三年に急激な増加を見せ、一六〇百万ポンド、三八％にまで達している。[39] 一八六五年から一九一三年の約半世紀間の資本輸出累計は約四〇三百万ポンド（年平均約八二百万ポンド）という巨額に達している。資本輸出累計の地域別構成を見ると、最大は北米で三四％、次いで中南米が一七％、アジア一五％、ヨーロッパ一二％、アフリカとオーストラレーシアが一一％と続いている。各地域への資本輸出には、上記の図で明瞭なように波がある。ヨーロッパは、最初の時期は資本輸出の約三分の一を占めていたが、次第に後退し、最後の三つの時期には七～九％の低水準である。北米は、最初の時期を除いて一貫して最大の資本輸出地域であった。最後の時期の異常に高い比率（約四二％）は「小麦ブーム」に沸くカナダへ資本輸出が急増したことを反映

図 4-3-1　イギリス資本輸出の規模と地域別構成（年平均・百万ポンド）

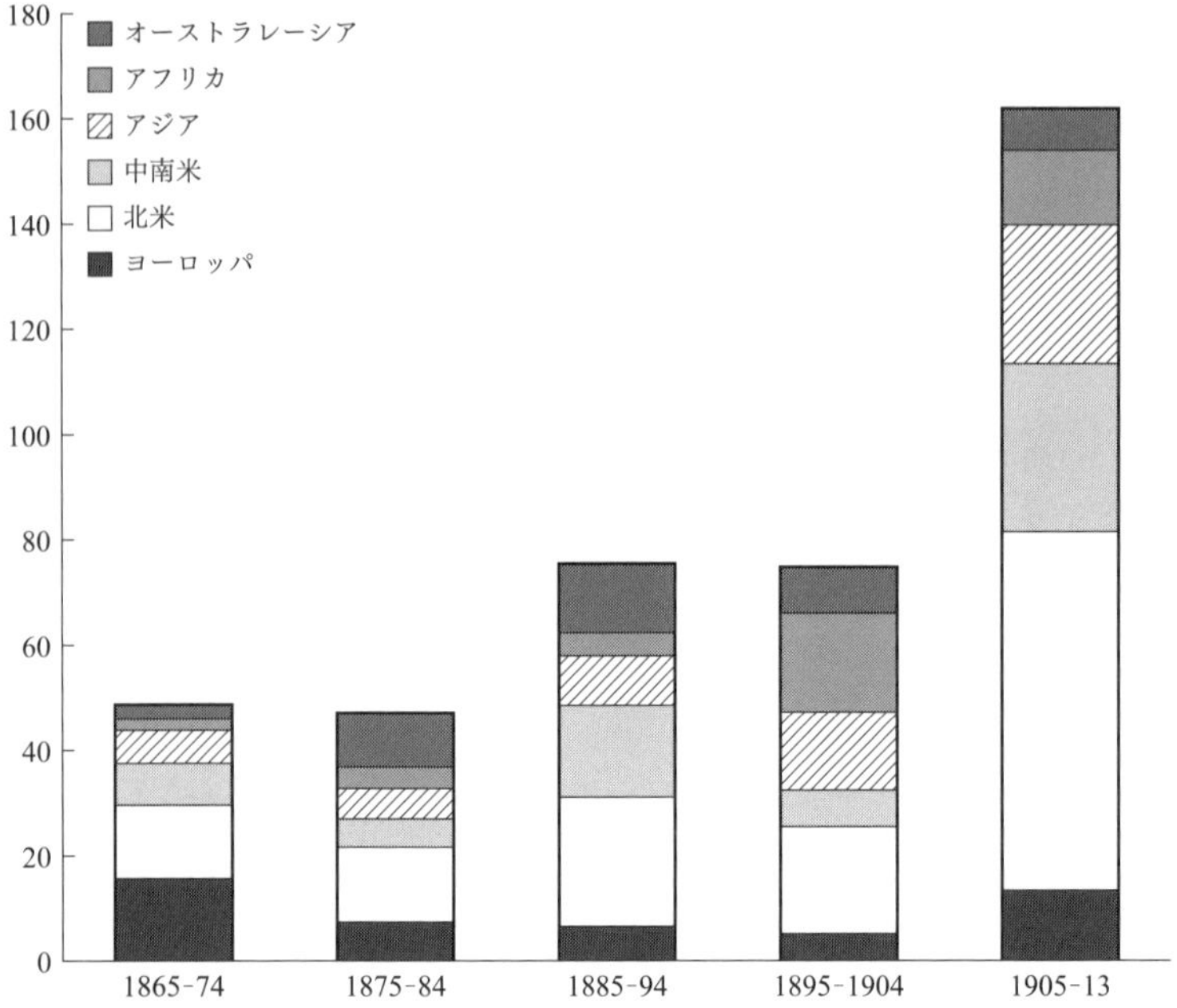

資本輸出額は新発行の外国証券への払込み額。直接投資は含まない。西村閑也『国際金本位制とロンドン金融市場』法政大学出版局，1980 年，52-53 ページ；Matthew Simon, The Patten of New British Portfolio Foreign Investment 1865-1914, in : J. H. Adler and P. W. Kuznets (eds.), *Capital Movement and Economic Development*, New York, 1967, pp. 52-53.

している。残りの地域、ここで問題としている周辺地域は、資本輸出の累計総額のうち、五三%を占めていた。第一期は四〇%程度であったが、続く三つの時期は、五三%、五八%、六五%と増加していった。最後の時期はカナダへの資本輸出増の影響で比率を下げているが、絶対額では前の時期を大幅に上回っている。中南米について第三期と最後の時期に、アジアについては最後の二つの時期に、アフリカは第三期に、そしてオーストラレーシアは第二期と第三期に、資本輸出の大きな上昇があった。イギリスに対して、フランスとドイツの資本輸出は小規

図 4-3-2　ヨーロッパ移民の流出国と規模（単位：1000）

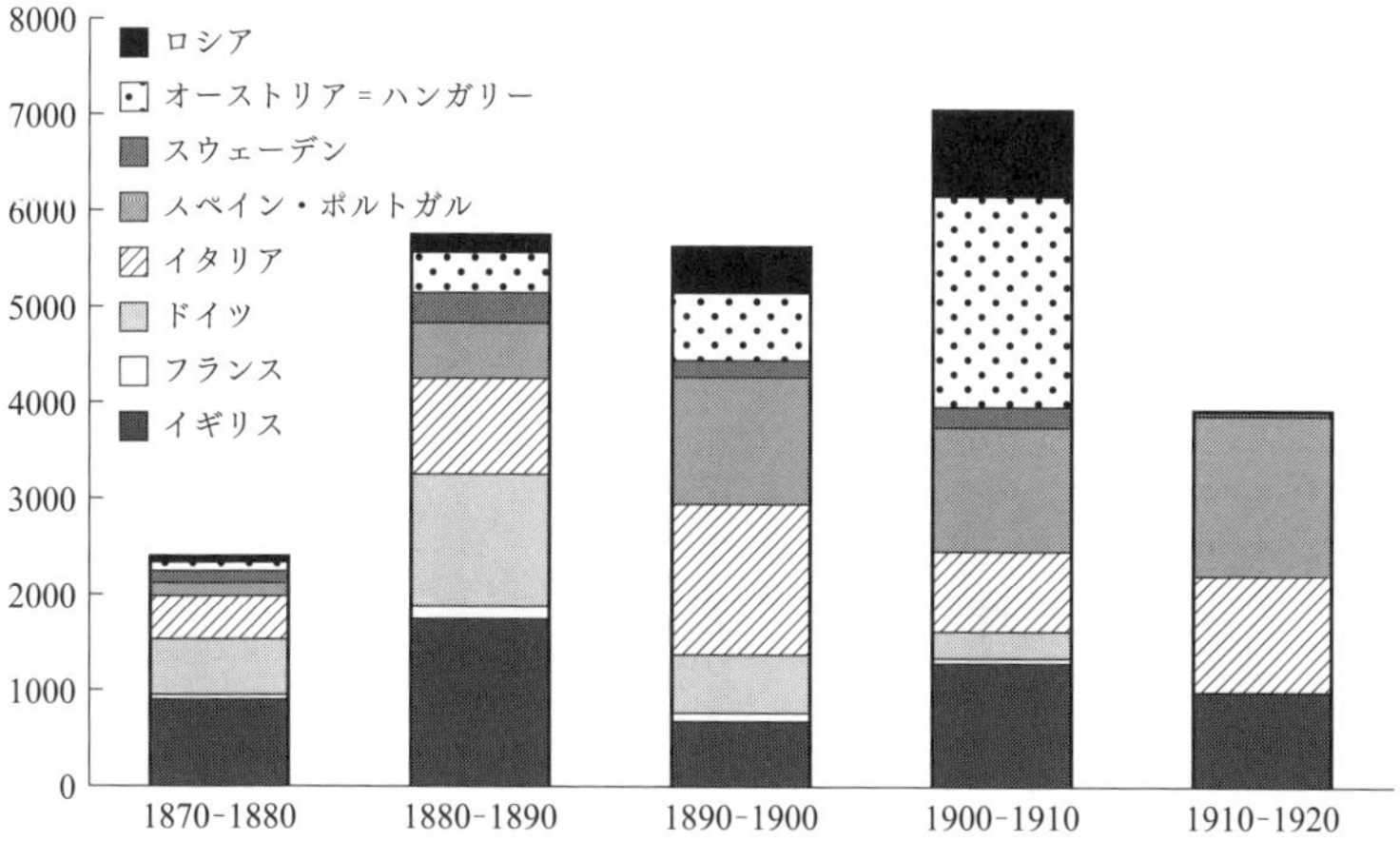

模で、それぞれイギリスの三分の一程度と四分の一程度であったが、ヨーロッパの比重が大きく（フランスはロシアを含めて六〇～七〇％程度、ドイツはこれより低い）、オスマン帝国を含む近東を除くと、他の周辺諸国への資本輸出は、イギリスに遠く及ばなかった[40]。

一九世紀後半、とくに一八七〇年代から第一次世界大戦までの時期はまた、世界的規模での人口移動が高揚した、「大量移民」mass migration の時代でもある。国際的な人口移動の大きな流れは、①ヨーロッパからの移民と、②インド、中国などアジアからの移民である。まず前者の主要九カ国について見ると（図4-3-2、4-3-3、基礎数字は巻末の付表4-3-2、4-3-3を参照）、一八七〇年から一九二〇年までの半世紀間に約二五〇〇万の人口が流出している。人口の純流出（総流出—総流入）には波があり、一八八〇年代に急激に増大し、九〇年代にやや減少するが、一九〇〇年代に再び高揚し、最大の移民数を記録した。最初の二つの時期はイギリスとドイツからの移民が大きい。イギリスの場合、アイルランドを含み、加えて経由地とし

図 4-3-3　ヨーロッパ移民の受入れ国と規模（単位：1000）

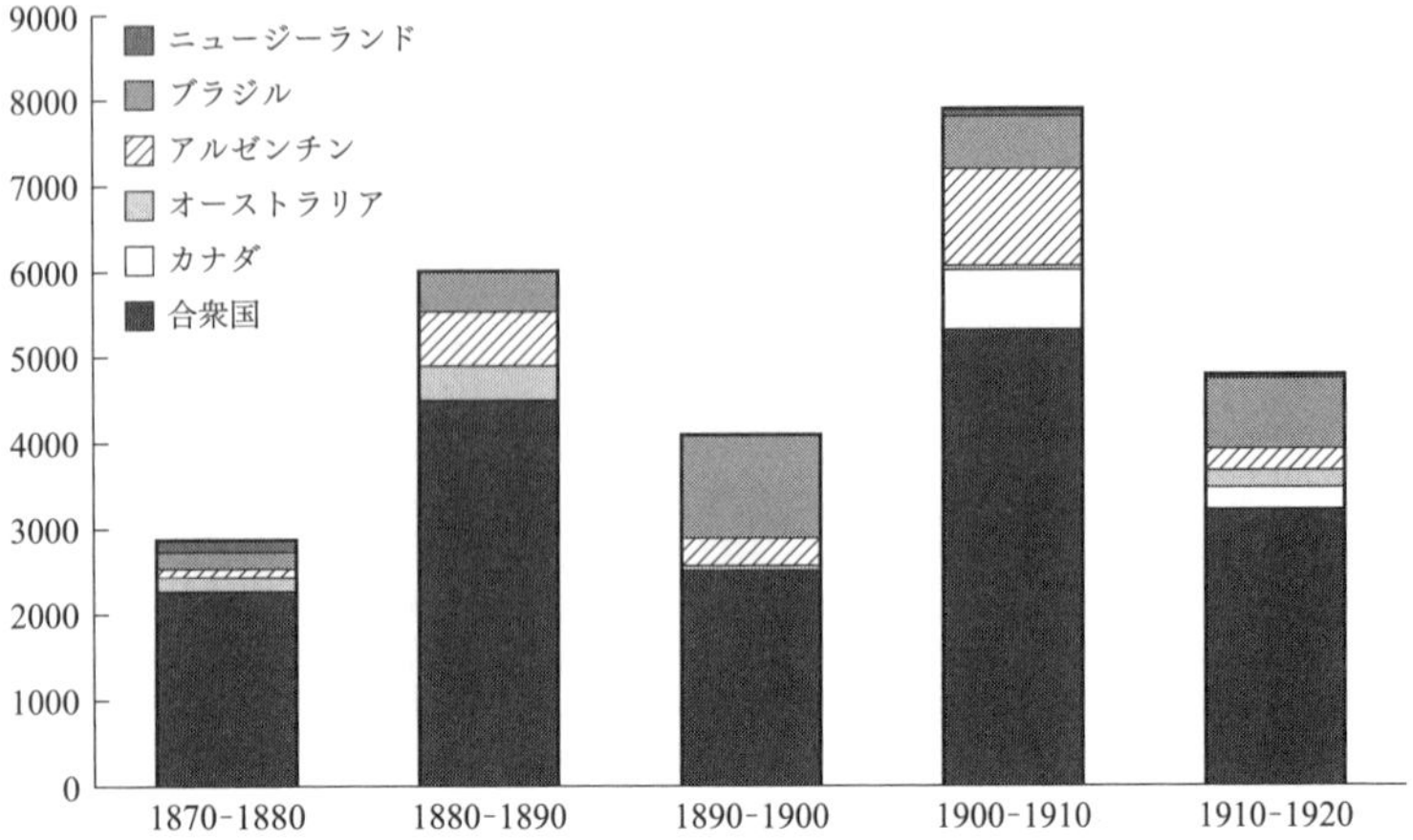

Alan Green and M. C. Urguhart, Factor and Commodity Flows in the International Economy of 1870-1914 : A Multi-Country View, *Journal of Economic History*, Vol. 36, No. 1 (Mar. 1976), pp. 221-222. 上記２図のデータ上の限定については，巻末付表（第４章関連）を参照されたい。

て移住する数字が入っていることを留意する必要がある。一八九〇年代以降は、イタリア、スペインなど南欧移民の比重が著しく大きくなった。一八九〇年代には二九〇万に近い、流出の最大の波が認められるが、次の一〇年にはやや減少し、一九一〇年以降再び上昇している。一九〇〇年代に、オーストリア＝ハンガリーをはじめとして、中欧・東欧系の移民が南欧系の移民を上回るほど増大した。それは一〇年間に三〇〇万を超えた。受入れ国側（六カ国）の数字も、一八七〇年以後約半世紀に二五〇〇万を超える移民を記録している。ここでも大きな波があり、一八八〇年代、一九〇〇年代に大きな高揚がある。合衆国は全時期を通じて圧倒的な受入れ国であり、全体の七〇％程度を占めた。中南米については、二カ国の数字のみが対象となっているが、半世紀の間にアルゼンチンは二四三万、ブラジルは三二八万、合計で五七〇万を超える移民を受け入れている。前者は一八八〇年代と一九〇〇年代、後者は一八九〇年代と一九一〇年代に移民の高い波があるものの、時期別の高低差が大きい。オーストラリアとニュージーランドは半世紀に約一一七万の移民を記録しているが、一八七〇年代と一八八〇年代にピークがある。カナダは一九〇〇年代に著しく増大しているが、小麦ブームに牽引されたものである。移民の増大とその波の要因としては、新大陸の側では奴隷制の廃止による労働力不足が、初期のプル要因となった。またヨーロッパでは工業化の進行が農業や農村からの労働力の離脱をもたらしたことを見る必要がある。これに大不況期の農業不況や経済成長の鈍化、失業の増大が加わり、移民を押し出す大きなプッシュ要因となった。一九〇〇年代の移民増加の波は、受入れ国側の経済成長の高揚、一次産品価格の高騰というプル要因が大きく作用したと思われるが、南欧、中東欧における労働力の農村からの流出というプッシュ要因も考慮するべきであろう。

「大量移民」のもう一つの大きな流れは、インド、中国を中心とするアジア系移民である。(41) 英領インドの移民統計に従えば、一八六六年から一九一五年までの半世紀に、移民総数は約一六八〇万人で、帰国者を差し引いた純移民数は四三〇万人であった。移民の目的地は、ビルマ、セイロン、英領マラヤが主要な地域であったが、その他に東アフリカ、南アフリカ、モーリシャス、さらにオーストラリア、西インド諸島にも及んでいる。ヨーロッパから新大陸への移民は自由移民であったのに対して、インド移民は年季契約によるか、カンガーニ制による労働者であった。前者は、インド社会から離脱した労働力を数年間の契約で拘束して使役する移民形態であり、後者は、徴募と労働監督を担う請負人が集団的に契約し移住させる形態であり、インド社会の地縁的・血縁的関係がそのまま活用されている。中国の移民については統計がなく数量的に把握できない。しかし歴史的に福建省、広東省など、南部沿海地方から東南アジアなどへの移民の流れがあり、これは一九世紀末には規模が増大し、目的地も世界的に広がっていった。インドや中国からの移民の増大には、一九世紀末に進む世界経済の構造転換に伴う輸出経済の形成というプル要因が働いたことは確かである。セイロンにおける紅茶、ゴムなどのプランテーション、ビルマ、タイ、仏領インドシナにおける米作地帯の形成[42]、さらには英領マラヤにおけるゴムプランテーションや錫鉱山開発、蘭領東インドにおける砂糖プランテーションなどである。しかし反面では、市場経済の発展が、伝統的な家族や共同体から多くの労働力をクーリーのように没落、離脱させた場合や、伝統的な社会関係を貧血させ、それを維持するためカンガーニ制度のように労働力を放出した場合には、プッシュ要因の存在を認めることができよう。

イギリス統治下における巨大なインド亜大陸の輸出経済への再編成の過程はこれまで多くの研究が指摘している通りである[43]。インド輸出経済は、貿易収支の大きな黒字を生み出し、イギリスへの支払いの大きな流れを作ることによって、世界におけるイギリスの金融的地位を支えた[44]。アメリカ南北戦争を契機とする綿花の輸出をはじめとして、ジュート、油性種子、小麦、紅茶の輸出が拡大し、加えて一九世紀末からは綿糸、ジュート製品などの工業品の輸出も増加した。一八七一年に六五百万ポンドであった輸出額は、一九一三年には約二・五倍の一六三百万ポンドに達している。こうした輸出経済への転換において、鉄道建設は大きな役割を果たした。初期の、植民地統治のための政治的・軍事的意義に加えて、一八八〇年代以降になると、鉄道網の整備と運送量の拡大は大きな経済的効果をもたらすようになった。輸出経済はまた、内部経済、とくに農業構造を再編した。一方ではプランテーションが輸出農産物の生産を拡大した。インド国内の労働力の移動によって、アッサムには大規模な紅茶プランテーションが登場した。他方では、膨大な数の農民経営が輸出農産物生産の担い手となった。綿花生産はその一つの例であった。中小規模の農民は生存のためぎりぎりの食料穀物の耕作に加えて、小規模な綿花栽培を営んでいた。これは地税の支払いなどのための現金収入を確保するために不可欠であった。農民の多くは、さらに地主に対して小作料を支払わねばならず、生計の維持は困難を極め、少しの不作でも大きな飢饉の発生につながった。

中南米の開発は、イギリスを中心とした資本輸出とヨーロッパからの大量の移民によって急速に進められた[45]。中南米は自然条件によって三つの輸出経済を形成した。一つはブラジル、カリブ海諸島、中央アメリカの熱帯産農産物の地帯である。ここでは砂糖、コーヒー、タバコ、バナナなどのプランテーションが形成された。次はアルゼンチン、ウルグアイなど、温帯産農産物の地帯であり、広大なパンパに穀物や牛肉の供給地が形成された。第三はチリ、メキシコ、ボリビアなど、鉱産物の地帯である。銀、銅、あるいは石油などの鉱山経営はもっぱらイギリスをはじめとする欧米企業が支配していた。中南米経済は、概して自然条件に恵まれ、世界市場における競争力をもち、一連の世界商品をもっぱら工業国需要向けに生産し、輸出する経済であった。しかし輸出経済を担う貿易や金融業務は欧米資本に掌握されていた。生産体制については、巨大土地所有、ラティフンディアの支配が大きな影響を及ぼしている。スペインなどの植民地時代に由来するアシエンダ hacienda は一種の荘園であり、ペオン、コロノなどと呼ばれる従属的な小作農の徭役によって経営された。巨大土地所有を基盤としながらも、熱帯農業地域では早くから輸出向けのプランテーション経営が黒人奴隷の輸入を基盤に形成されたが、奴隷制の廃止とともに、自由労働によって代替された。しかし中南米においてはどこでも中小農民経営が弱体であり、数的に零細土地所有が圧倒する中で、雇用条件は一般に劣悪であった。温帯農業地域においても、古い形態のアシエンダは一九世紀後半の輸出経済への転換とともに、次第にプランテーションに転化した。中南米経済はこうしたモノカルチャー的輸出経済に圧倒的に依存しており、巨大都市が形成されるものの、それらはサーヴィス産業、ないしは中心工業国経済の前哨基地の役割にとどまった。ラティフンディア所有主の強い政治的影響力のもと、自由主義的な経済政策がとられ、国内工業保護への志向はほとんど見られなかった。国際収支は、経常勘定では、貿易収支の黒字で、移民送金や輸入資本の利子配当・償還を支払うという構造であったが、輸出商品価格の変動や資本輸入に伴う国際収支の不安定によって、容易に破綻に追い込まれた。またこうした国際収支危機は財政危機と結びつくことが多かった。一九世紀末から二〇世紀初頭に中南米諸国は金本位制あるいは金為替本位制をとることが多かったが、それからの離脱や平価切り下げをしばしば余儀なくされた[46]。

中南米に対して、オーストラリア、ニュージーランドの社会は、スペイン、ポルトガルの歴史的遺産がなく、イギリス社会のいわば純粋な「延長」として、その文化と所得水準を前提に形成された。オーストラリアの歴史は流刑地として始まったが、一九世紀に入ると、豊かな自然を背景に、牧羊業が急速に展開し、一八五〇年代初めには金鉱の発見によって多数の移民を引きつけた。こうして羊毛と金をはじめとする鉱産物の輸出によって、輸出経済の主軸が形作られた。すでに見たように、一八七〇年代、八〇年代にイギリスの資本輸出とヨーロッパからの移民の高揚が見られた。鉄道建設が進み、内陸開発が進んだ。植民地政府は開発のために、ロンドンで最高の条件で政府債を発行することができた。この時期から家族農場が増加し、小麦、食肉、酪農品の輸出の増大が見られた。一八九〇年代に入ると輸出経済は、一八八〇年代からの不動産をはじめとする投機の反動と羊毛価格の崩落を契機に厳しい谷間に入る。この時期に自治権の確立、関税政策の実施など、新しい政治体制が志向された。一九〇〇年代に入り、輸出経済は回復するが、強力な一次産品輸出国と工業化路線をいかに両立させるかが課題となった[47]。

南北アメリカやオーストラリアのように、自然的条件に恵まれ、近代的な技術の適用が可能であり、また大規模経営が可能なところでは、原料や食料の世界市場における競争において優位に立つことができた。しかし、インドやロシアといった旧文明地域も、農民や労働者に厳しい条件を課しながらではあるが、世界市場に地歩を得ることができた。大規模な原料・食料の世界市場が形成され、成長する世界へ供給を増大させていった。だがそれは同時に生産地間の激しい競争をも引き起こした。穀物は巨大な世界市場を形成したが、世界の二大生産地であるロシアと合衆国は、西ヨーロッパの穀物市場で激しく競争した。さらにこの競争にカナダ、アルゼンチン、英領インド、オーストラリアが加わった。西ヨーロッパでは小麦が競争の中心であったが、米《こめ》もアジアから世界へと巨大な市場に成長し、しかも両穀物市場は価格等において深く連関していたといわれる。[48] 穀物だけでなく、砂糖、コーヒー・カカオ、油性植物、綿花、生糸なども、基幹商品として様々な生産地間の競争となった。こうした伝統的な基幹商品とともに、新しい工業や社会の需要に応じる、新しい原料、食料をめぐる開発や競争も激化した。銅、亜鉛、錫などの非鉄金属、二〇世紀の基幹燃料となる石油をめぐる競争はその例である。世界の原料・食料供給地域は、世界市場における一定の競争上の地位を確保することが要求される。競争上の地位からの脱落は、問題の地域を経済的破綻へと追い込み、資本主義世界の「限界地域」marginal area に導く。結果は政治的・社会的混乱である。例えば、東南欧の多くの国や地域は、一九世紀末から、こうした限界地域であった。本来東南欧は西ヨーロッパへの食料や原料の供給地域であったが、世界市場の発展はその地位を奪っていった。西ヨーロッパは引き続き、この地域を工業製品の重要な市場としていたが、東南欧は西欧との互恵性を失っていく。これはロシアと絡み合いながら、深刻なヨーロッパ問題になった。[49] また一方で、強大な国家であっても、「限界地域」に陥ることがある。オスマン帝国は、こうした例である。帝国は一六世紀には、西はハンガリー、バルカン地域、東はイラク、イエメン、さらにはエジプト、シリアを含む大帝国であった。しかし一八世紀には、統治機構の内部崩壊が始まり、ヨーロッパ列強による軍事的圧力と経済進出はこれを早めた。一九世紀に入ると、統治機構の西欧化、近代化を目指す改革が試みられたが、諸民族の独立運動、列強の圧力、それに資本主義経済への統合が急激に進むとともに、国家としての経済的・財政的な自立自体が危うくなった。一八七五年以降、債務危機が繰り返し発生し、国家は破産状態に陥り、国際的な財政管理の下に置かれることにもなった。(50)

資本主義がグローバルなシステムとなる、最後の、もっとも大きな局面は、アフリカと中国の開発と統合であった。(51) アフリカは西ヨーロッパ世界との交流を早くからもっていたにもかかわらず、開発や統合された地域は長くサハラ以北の地中海沿岸地域（エジプト、アルジェリアなど）と南アフリカの一部にとどまっていた。(52) 内陸地域の開発はようやく一八八〇年代から開始された。一八八四・八五年のベルリン会議は、いわゆる「アフリカ分割」によって西ヨーロッパ列強にアフリカ開発の方向を示した。以後列強は、直接政府あるいは独占的な植民地会社を先頭として、鉄道建設を進め、開発を急いだ。とくに一八九〇年代末から二〇世紀初頭に、金、錫などの鉱物資源やパーム油、落花生などの農業資源の開発が急速に進められた。南アの金鉱山開発がボーア戦争を引き起こしたことは有名な事実である。確かにアフリカは、二〇世紀に入るまでヨーロッパ諸国経済にとって大きな重みをもつとはいえなかったが、政治的・戦略的な目的も加わって、列強間の帝国主義的対立を呼び起こすに十分な原因になりえたのである。

一方で中国はその長い歴史を通じて、東アジア交易圏の中心を占めていた。(53) 一九世紀に中国は清朝によって支配されていたが、多民族国家で多くの朝貢国をもつ巨大な帝国であった。イギリスを先頭に、欧米列強はこの帝国を自国産業の市場に転化しようとした。しかし中国の伝統的社会は強固であり、イギリスは最初中国の茶などを購入するため巨額の銀を輸出せざるをえなかったが、東インドからのアヘンの輸出によって、銀の節約を実現した。いわゆる「アヘンの三角貿易」である。一九世紀の後半に入ってようやく、華南や沿岸部に少しずつ近代的工業品が浸透し始めた。とくにインド綿紡績からの綿糸輸入は中国農民経営の、あるいは、伝統的な地域完結型の「農工統一」を破壊していった。これと並行して、中国から合衆国、東南アジアへの移民が、鉄道建設や植民地経営などのために増大した。移民は出身地の家族に定期的に送金した。中国の国際収支は、こうした華僑の送金によって大きく支えられたと考えられる。大きな転換は一八九〇年代に起こった。まず政治的に清朝の統治能力が著しく弱体化した。なかでも一八九四・九五年の日清戦争の敗北、一八九九・一九〇〇年の義和団の反乱と日欧米による干渉は大きな打撃であった。列強に多額の賠償支払いと借款を負い、数々の権益（戦略地点の租借権、鉄道敷設の権利など）を譲渡させられ、中国の資本主義世界への統合は一気に進むことになった。インドからに続いて、日本からも綿糸輸入が増大したが、巨大市場を背景に、上海には外国資本系とともに民族資本系の紡績工場も数多く設立された。輸出入貿易においても大きな変化が現れた。輸出では、茶、生糸はなお主力であったが、セイロン、インドなどからの茶、また日本からの生糸が世界市場における競争者として現れ、かつてのような優位性が失われていった。九〇年代から大豆、落花生、胡麻などの農産物の輸出が次第に大きな比重を占めるようになるが、強力な輸出基幹商品は現れなかった。銀価値は七〇年代から、九〇年代からはさらに激しく、金に対して下がっていったが、これは必ずしも輸出商品の種類や輸出量の増大に結びつかなかった。輸入ではアヘンが次第に後退し、綿糸、綿布、綿花、さらには米、砂糖、石油や資本財の輸入が増大する。清朝末期の貿易収支の推計は困難であるが、かなりの輸入超過であったと思われる。経常収支でこの赤字を相殺するために、華僑送金は大きな役割を演じたと思われるが、それでも二〇世紀初年に相当程度の銀の流出があったと見られる。(54)

第5章　多角的決済の世界システムと国際金本位制

一　二〇世紀初頭における多角的決済の世界システム

二〇世紀初めに、世界経済の構造は、一九世紀資本主義世界の最終局面を表すとともに、二〇世紀資本主義世界の最初の局面を表していた。一九世紀世界を全体としてリードしてきたイギリスは、なお貿易と金融の中心の位置を保っていたが、アメリカ合衆国とドイツに工業の中心としての地位を奪われた。また世界の周辺の各地域で周辺工業化が起こり、世界の工業生産の規模は大きく拡大した。そして残された地球上の地域のほとんどは、原料や食料を世界市場に供給する、一次産品輸出地域に組み入れられた。こうして二〇世紀初めにグローバル経済が成立する。それはイギリスを中心として、一つの、貿易と金融のシステム、多角的決済システム system of multilateral settlements に統合され、国際通貨制度としての国際金本位制によって支えられていた。イギリスの基軸としての地位は、貿易収支の大きな赤字にもかかわらず、過去の開発投資と世界的な貿易のネットワークが生み出す、経常収支の大きな黒字によって支えられていた。また政治的には、自由貿易政策と広大な植民地の領有を基礎とする大英帝国を支柱としていた。このシステムは二〇世紀初頭において一定の安定性を保っていたが、すでに限界性、経過性を現していた。

二〇世紀初頭の多角的決済システムについては、一九四〇年の国際連盟による『世界貿易のネットワーク』、一九六〇年のソウル（S. B. Saul）の『イギリス海外貿易の研究』をはじめとして一連の研究がある。(1) いまシステムを、中心諸国と周辺地域の編成に注目して考察すると、決済システムは、イギリスを中心に、いくつかの基幹的な交易・決済ルートが組み合わされ、世界的な多角的決済網を構成している。次ページの図5-1は、一九一〇年を基準として、こうした多角的貿易の決済システムが、どのように編成されているかを理解しやすくするために作成された。(2) イギリスを中心に、主要な国・地域の間の交易ルートにおける支払いの流れが矢印で表示されている。ローマ数字（I～V）は当時の決済システムにおける基幹的交易ルートを示している。この図の基礎となる数値は、各国、各地域の国際収支統計を可能な限り利用し推計した。統計的整理は、巻末付表（5-1～4）に示されている。整理の際にもっとも留意したことは、イギリスをはじめ、主要四カ国の比較的信頼度の高い国際収支の勘定項目を基礎とし、これらに合致するように、各国の国別・地域別国際収支、また各決済ルートの支払いの規模と流れを推計し、さらにはこれらのルートの組み合わせによって世界的な均衡を展望することである。(3) このようにして、世界的な支払いの大きな流れが、貿易外収支と資本輸出を含めて、全体的にどのように構成されていたのかを吟味してみたい。分析は一九一〇年という一時点に焦点を据えているが、当然のことながら、第一次世界大戦前の長期的な変化にも留意する必要がある。この点を理解する一助として、巻末付表に一八九〇年以降におけるイギリスをはじめとする主要四カ国の国際収支構成の変化を示しておいた（表5-1～4b）。

図 5-1　多角的決済の世界システム（概念図）（1910 年）

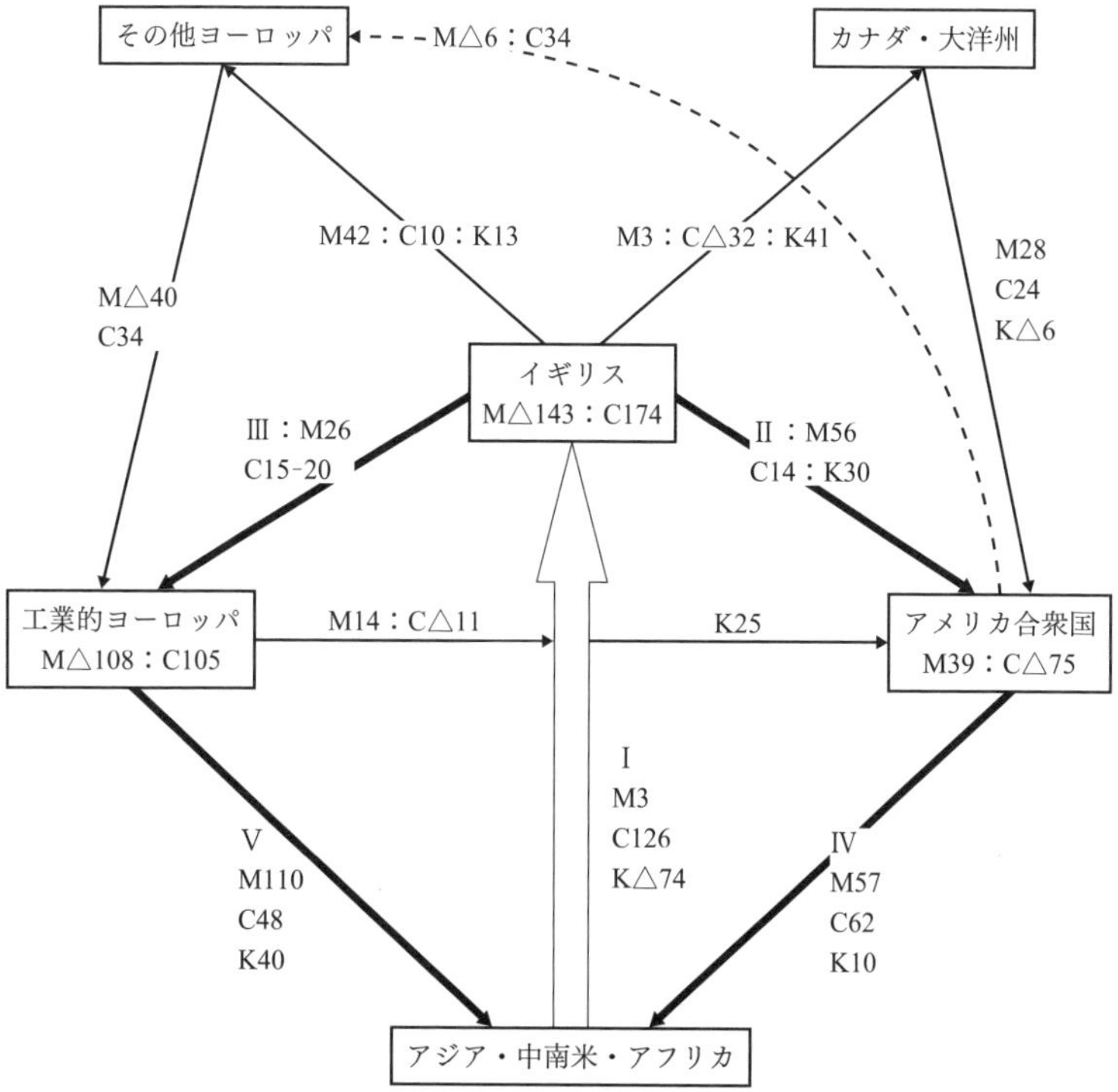

M＝商品貿易，C＝経常収支，K＝資本収支。地金取引は含まない。矢印は最終的支払いの方向。△はマイナス，あるいは支払いの方向に対して反対の支払い。単位は百万ポンド。金額は，イギリスの推計値を最優先とし，次いで合衆国の推計値，最後に工業的ヨーロッパのそれを基準としている。工業的ヨーロッパに基づく数値は，ドイツとフランスによって代表させている。巻末付表 5-1～4 を参照。

まず当時の基軸国であるイギリスに注目しよう。もっとも重要な基幹的交易ルートは、イギリスとアジア（オスマン帝国[4]を含めて）、中南米、アフリカの周辺地域とを結ぶルートである（以下、ルートⅠとする）。このルートⅠは、イギリス工業による市場開拓と資本輸出による開発によって、イギリスの国際収支に大きな黒字を生み出してきた。このルートは、イギリスの世界経済における地位を保証するとともに、第一次世界大戦前の世界的な決済システム全体を支える意味をもった。イギリスは一九一〇年に、総額一二六百万ポンドを超える額をこのルートから受け取っていた（巻末付表も参照）。もっとも、イギリスはこれらの周辺地域におよそ七四百万ポンドを資本輸出していたと推計できるから、実際に他の地域へ資本輸出あるいは決済のために充てられた額は、五二百万ポンド強であったと見ることができる。[5] イギリスの貿易収支が全体として大きな赤字を抱える中で、アジアはインド、中国、日本などから大きな黒字をもたらした。こうしたアジアからの貿易上の受取りはオスマン帝国を含めると小幅な赤字となるが、地金収支を算入すると黒字（二五百万ポンド）になる。しかも投資収益と「その他の貿易外収支」（以下、単に貿易外収支と表現する）は巨額であり、経常収支は合計で六二百万ポンドの黒字に達した。[6] この地域に対しても、イギリスの資本輸出（ほとんど証券による）は二三百万ポンド程度あったが、それでも四〇百万ポンド近い巨額が他の地域への資本輸出や決済に用いられたと思われる。[7] アジアの中でイギリス植民地のインドは、綿花、綿糸、ジュート、小麦などを、世界に輸出して大幅な黒字を生み出し、他方ではイギリスに対して貿易の赤字、投資収益、本国費（インド統治に関連する費用）などを支払った。[8] インドはまた、中国、日本を含めて、アジア貿易の多角的決済におけるキー的な位置を占め、イギリスにとって帝国植民地として、経済・金融面のみならず、世界政策においても巨大な意味をもった。

中南米に関してはやや事情が異なる。いうまでもなく、中南米の開発は長くイギリスの圧倒的な影響力の下に進められた。開発の進行とともに、一八八〇年代から九〇年代まで、イギリスは工業製品輸出によって対中南米の貿易収支の黒字を生み出し、投資収益も加わって、かなり大きな国際収支上の黒字を得ていた。しかし九〇年代末から状況が変わり、貿易収支はイギリスの赤字に転化した。この傾向はアルゼンチンについて、より早期に現れている。変化の要因は、第一に合衆国やドイツといった工業国が中南米市場に参入し、イギリスと工業製品および資本輸出で競争を始めたこと、第二にイギリスが合衆国の工業化とともに穀物輸入地域を移動させ、アルゼンチンのような中南米地域からの輸入を増大させたことである。一九一〇年に、イギリスの中南米貿易は一二百万ポンド近くの赤字になっていたが、投資収益やその他の貿易外収支の黒字が大きく、経常収支では三八百万ポンド以上の黒字であった。[9] この地域に対する資本輸出は経常収支の受取額に迫っていたので、他の地域へ転換できる額は七百万ポンド程度にとどまったと思われる。

アフリカについては、一八九〇年代半ば以来、イギリスの輸出貿易は急速に拡大した。地金取引を除く貿易黒字は一九一〇年に一七・五百万ポンドに増加し、投資収益などを加えると、経常収支では四二百万ポンドの黒字が見積もられ、中南米に匹敵する、かなり大きなイギリスの受取り地域に成長している。[10] 地金取引において自治領南アフリカは巨大な意味をもっていた。巻末の付表が示すようにイギリスがアフリカから輸入する地金は三二百万ポンドに上り、これら地金はイギリスを媒介として世界に配分され、国際金本位制の基盤を支えていた。

イギリスの合衆国および工業的ヨーロッパに対する交易ルートは、それぞれ当時の世界経済の基幹的ルートであった（ルートⅡおよびルートⅢとする）。まず合衆国に対する貿易収支は、イギリスの大幅な赤字である。イギリス側の統計に従えば（巻末付表5－1）、一九一〇年の貿易収支は、赤字が比較的小さい年であったが、それでも五五・五百万ポンド、地金収支を含めると七一百万ポンドの赤字であり、イギリスの商品貿易の赤字総額（一四三百万ポンド）の実に四〇％から五〇％近くを占めていた。[11] しかし合衆国に対するイギリスの投資額（一九一三年、七五五百万ポンド）からの収益やその他の貿易外収入はかなり大きく、経常収支ではほとんど相殺されるが、地金収支を含めればイギリスの一四百万ポンドの赤字となる。[12] またイギリスは当時も合衆国へ大きな資本輸出を行っていたが、証券発行で見た資本輸出は三〇百万ポンド近くに達していたと見られるので、総合すれば四三百万ポンド近くの合衆国の受取りとなろう。[13]

合衆国は長期にわたって貿易においても資本輸入においてもイギリスに大きく依存していたが、一九世紀末からの急速な工業化に伴い、依存度を減らしつつあった。工業化の作用は、合衆国の対周辺地域の交易（ルートⅣ）にも現れている。巻末付表5－2における合衆国の国際収支構成の整理に従えば、中南米、アジアに対する貿易において、一九一〇年にそれぞれ一四五百万ドルと一三二百万ドル（各三〇、二七百万ポンド）の赤字を記録している。経常収支では両者とも一五〇百万ドル程度（三一百万ポンド）の赤字と推計され、赤字合計は三〇〇百万ドル（六二百万ポンド）を超える。こうした周辺地域に対する巨額の赤字は、主として原料や食料の輸入増加によるものである。中南米を中心とする資本輸出を加えると三五〇百万ドル（七三百万ポンド）近くの支払いになるであろう。合衆国の国際収支については、加えて移民増加による海外送金（一九一〇年に二〇四百万ドル、約四二百万ポンド）が大きく、[14] 国際収支への圧力になっていたと考えられる。

以上のルートⅡとルートⅣの支払いの流れを、ルートⅠに結びつけると、Ⅰ―Ⅱ―Ⅳという、イギリスを基軸とする、グローバルな多角的決済システムの存在を認めることができる。これに対して世界貿易のもう一つの大動脈は、イギリス—工業ヨーロッパ—周辺地域を結ぶ、I—III—Vという多角的決済システムであった。工業的ヨーロッパは、ここではドイツとフランスを中心とした西ヨーロッパ（オランダ、ベルギー、ルクセンブルグ、スイスを含む）を指している。この地域はイギリスを除くヨーロッパでもっとも工業が発達した地域である。イギリスはこの地域に対して一九一〇年に貿易収支では二六百万ポンド、地金収支を加えれば、一四百万ポンドの赤字となっている。フランスとドイツの国際収支構成を整理してみると（巻末付表5-3、5-4参照）、二国は地金取引を含めると貿易収支でイギリスに対してそれぞれ二八八百万フラン、三三五百万マルクの黒字になっており、換算すると、合計で二八百万ポンドの黒字となる。[15] イギリスとこの地域の間について、経常収支の他の項目の数値を推定することは非常に難しいが、おそらくは投資収益についても、貿易外収支についても、どちらかが大きな受取りになる状況はないと思われる。[16] 貿易収支を含めれば、イギリスは工業的ヨーロッパに対してかなり大きな支払いを余儀なくされていた。それは一五〜二〇百万ポンドを超える規模であったと思われる。

工業ヨーロッパは、他方でアジア、中南米、アフリカといった地域に対して大規模な支払いをしていた。この交易ルートがルートVである。フランスはこの三地域（オスマン帝国を含む）に対して、一九一〇年に一三八六百万フラン（五五百万ポンド）の貿易収支の赤字をかかえており、経常収支でも五三二百万フラン（二一百万ポンド）の支払いと推計される。ドイツは貿易収支（オスマン帝国を含む）で一一〇二百万マルク（五四百万ポンド）の赤字、経常収支で五四七百万マルク（二七百万ポンド）の赤字となっている。両国を合わせると、貿易収支でおよそ一一〇百万ポンド、経常収支で四八百万ポンドの赤字となった。ルートVにおける、このような大きな貿易収支および経常収支の赤字は、高度な工業化による原料・食料輸入の増大によって引き起こされている。加えてフランスはこれら地域に対して、年三〇百万ポンド（一九〇二〜一三年の平均）、ドイツもその三分の一程度の資本輸出を続けていたと推測され、大きな支払いの流れを作っていた[17]。こうしてルートⅤは、合衆国のルートⅣと同様に、アジア・中南米・アフリカへの支払いを通じて、ルートⅠと結びつき、イギリスを中心とした決済システムを支えたのである。

以上のような合衆国と工業的ヨーロッパを経由する二つの多角的決済システム（Ⅰ—Ⅱ—ⅣとⅠ—Ⅲ—Ⅴ）は、当時の世界経済の骨格となっていたが、その他では、三つの地域あるいはルートが重要である。一つは、ここまで「その他ヨーロッパ」としてきた地域である。この地域は、イギリスや工業的ヨーロッパという中心部分の変化に影響されながら、一連の国々で周辺工業化が進展した。しかし他方で、東欧や南欧の多くの地域は、工業化への道に進むことができず、また農産物輸出も拡大できないで、不安定な状態に置かれていた。「ヨーロッパ内貿易」は長い歴史過程を通じて域内地域間で複雑な交易関係を形作っており[18]、ここで細かな分析はできないが、「その他のヨーロッパ」が中心との関連でどのような地位に立っていたのかという点に焦点を絞って見てみたい。イギリスは一九一〇年に、「その他ヨーロッパ」全体に対して地金収支を含めると貿易収支で四二百万ポンド、投資収益やその他の貿易外収支での受取りを差し引いて経常収支では一〇百万ポンド近くの支払い超過になっている。この地域最大の国、ロシアについては、貿易収支で二〇百万ポンド、経常収支では七百万ポンド程度の支払い超過と推測される。一方、工業的ヨーロッパは問題の地域とどのような関係にあるのか。フランスとドイツを代表させてみると、貿易（地金を除く）については、両国とも赤字で、合計すると約四〇百万ポンドの支払いとなる。しかし経常収支では両者とも黒字となり、合計で三四百万ポンド程度の黒字と推測される。[19] ロシアに関しては、貿易収支（同）で両国とも赤字で、合計五一百万ポンドとなるが、経常収支ではフランスが六・五百万ポンドの黒字、ドイツが二九百万ポンドの赤字で、合計では二三百万ポンドの支払い超過となる。[20] ロシアは確かにヨーロッパの二つの中心に対して国際収支における強力な地位を築いている。しかしロシアを含む、地域全体として見ると、「その他ヨーロッパ」はイギリスの工業的ヨーロッパへの支払いの迂回路となっていた、と考えることができる。最後に「その他ヨーロッパ」と合衆国との特別な関係について見ておこう（図２－１内の点線を参照）。合衆国は、「その他ヨーロッパ」に対して貿易外収支において巨大な支払いがあった。南欧、中欧、東欧の諸国に対する貿易外収支は一九五百万ドル（四〇百万ポンド）もの巨額の支払いになっている。この主要な原因は合衆国からの移民の送金である。貿易収支は合衆国の黒字であるが、巨額な支払いの流れは変わらない（一六七百万ドル、三四百万ポンド）。移民がもたらす「その他ヨーロッパ」諸国の受取りは、これらの国の国際収支を緩和し、同時にこれらの国を通して、フランスやドイツなど、工業的ヨーロッパへの支払いの流れを作っていた。しかし、やがて合衆国の移民規制が厳しさを増すと、この支払いの流れも縮小していく。

第二の交易地域は、カナダとオーストラリア・ニュージーランドというイギリス自治領である。国際連盟は『世界貿易のネットワーク』（一九四一年）で、南ア連邦とアルゼンチンを加えて、「新入植地」recent settlements として一括しているが、ここでは前二者に限定した。[21] 両国とも、イギリスとの関係を出発点としながら、合衆国との関係を強化していることに特徴がある。すなわち、イギリスによる開発によって、穀物、畜産物や鉱産物の輸出産業が形成されるが、合衆国はそこで生成する豊かな購買力を工業製品市場とした。カナダは、合衆国に接しているため、こうした関係が早期に強く現れたが、同じような連関は、アルゼンチンやオーストラリアでも現れる。カナダでは、第一次世界大戦前の十数年、急激な「小麦経済」の成長が見られた。移民と開発投資の増大は、輸出の拡大を上回る輸入の増大——とくに合衆国からの——を招き、加えてイギリスに対する貿易外収支の大きな負担が加わったため、カナダの国際収支はイギリスからの資本輸入に大きく依存せざるをえなかった。巻末付表（5－1参照）において、イギリスの対カナダ貿易収支の赤字は僅か二・六百万ポンドにとどまり、投資収益やその他の貿易外収支の受取りによって、経常収支ではイギリスのかなりの黒字（三一・五百万ポンド）になっている。カナダはイギリスからの約四一百万ポンドの資本輸入によって、ようやく僅かながらイギリスからの受取り（約一〇百万ポンド）を実現している。[22]合衆国の対カナダ国際収支を見ると（表5－2参照）、合衆国は貿易収支で一二一、経常収支で一二〇、資本輸出二七、各百万ドルで最終的に九三百万ドル（一九百万ポンド）の受取りとなっている。「小麦ブーム」の下で、イギリスのカナダへの貿易赤字は縮小し、経常収支はかなりの黒字となっているが、資本輸出によってカナダを経由する、イギリスから合衆国への支払いの流れが維持されている。一方、オーストラリア・ニュージーランドは、若い植民地としての性格を強く残している。イギリスとの貿易関係が圧倒的であり、この時期になると、貿易収支でかなりの黒字を生み出している。この地域の合計数字（付表の大洋州）が示しているように、投資収益やその他の貿易外収支を含めると、イギリスのかなりの受取り超過（一三・五百万ポンド）になっている。ただ資本輸出や地金収支を含めると、イギリスの受取りはほとんど残されていない。一方合衆国との関係はまだ小さいが注目に値する。貿易において、合衆国は輸出を急速に伸ばしており、この地域に対して大きな貿易収支の黒字（一四百万ドル、約三百万ポンド）を実現している。工業製品市場として勢力を拡大しているのである。

最後に、合衆国と工業的ヨーロッパとの関係は、世界貿易の重要な交易ルートの一つである。このルートは、合衆国と「その他のヨーロッパ」との関係を含めて考察する必要があろう。一九一〇年の合衆国の国際収支構成を見ると（巻末付表5-2）、合衆国は工業的ヨーロッパに対して、貿易収支で六七百万ドル（約一四百万ポンド）の黒字であるが、投資収益と貿易外収支で一二〇百万ドルの赤字のため、経常収支では五三百万ドル（一一百万ポンド）の赤字になっている。しかし、資本輸入（純額）が一二〇百万ドルあり、最終的に六七百万ドル（一四百万ポンド）の受取りであった。ヨーロッパ側の統計では（表5-3、5-4）、貿易収支の大きな赤字をかなりの部分、投資収益などで相殺している。フランスは経常収支で合衆国に対して若干の黒字となっているが、ドイツについては貿易赤字が大きく（二七百万ポンド）、経常収支でも大きな赤字を残している（一四百万ポンド）。合衆国は一八九〇年代半ばまで工業的ヨーロッパからの工業製品輸入が大きく、農産物輸出によっても貿易収支の大きな黒字は見込めなかった。利子配当支払いの負担により経常収支は通常赤字で、資本輸入によって国際収支を維持する必要があった。しかし、とくに一八九七年のディングリー関税法による保護関税政策の強化以降、合衆国は貿易で工業的ヨーロッパに対して大きな黒字を築いた。そして投資収益や貿易外の支払いはかなりの水準にあるものの、魅力的な投資分野によって資本輸入を引きつけ、国際収支の均衡に寄与した。ただ、合衆国にとって、移民の増大による送金が国際収支の大きな負担となっていた。

以上のように、二〇世紀初頭に成立した多角的決済の世界システムは、基軸としてのイギリス、合衆国と工業的ヨーロッパという新たに登場した二つの工業的中心、そしてアジア・中南米・アフリカという周辺地域の三つを結ぶ、I—II—IV、I—III—Vという二つの巨大な交易ルートの連鎖を骨格とし、これら中心と

「その他ヨーロッパ」およびカナダ・オーストラレーシアというイギリス自治領との関連で成立した、二つの交易ルートの連鎖、および合衆国と「工業的ヨーロッパ」との交易ルートから成り立っていた（図5-1を参照）。基軸としてのイギリスの地位は、貿易では僅かにアジアとアフリカのみ黒字で、全体で一四〇百万ポンドを上回る赤字であったが、投資収益、運輸、旅行、送金などの貿易外収支によって、経常収支ではヨーロッパを除いてすべての地域で黒字であり、全体では一七四百万ポンドの受取りがあった。この巨額な黒字は地金収支を除いて資本輸出されたが、ロンドンの金融市場はその方向と規模を決定した。一九一〇年について推計すると、資本輸出額の約四分の一はカナダに、次いで中南米に約五分の一、合衆国に約一七％、アジアに約一六％が配分されている。地金取引でもロンドンの役割は決定的であったが、南アフリカからの約三二百万ポンド、合衆国からの一五百万ポンドが最大の供給先であった。これをアジア二八百万ポンド（とくにインド）とヨーロッパ一五百万ポンド（とくに工業的ヨーロッパ）が吸収している。こうした支払いの流れを全体として要約すると、他地域の決済のための最大の支払い手は、アジアであり、オスマン帝国を含めて実に四八百万ポンドを提供している。他には中南米と大洋州が、それぞれ七百万ポンドと二百万ポンドを提供しているに過ぎない。それに対して、最大の受取り手は合衆国であり、四三百万ポンドを吸収し、次いでカナダ、ヨーロッパ、アフリカ（順次一〇、五、四各百万ポンド）と続いている。このようにイギリスを媒介にして、アジアから北米（合衆国、カナダ）への大きな資金の流れが存在していた。

イギリスは自由貿易体制のもと、大きな貿易赤字によって広く世界に流動性を与え、また過去の周辺地域への開発投資と船舶をはじめとするサーヴィス業務の収益によって、経常収支では貿易赤字を相殺して余りある、大きな黒字を実現し、世界に広汎な資本輸出を行った。このことが、イギリスに当時の世界経済にお

田中秀夫著
アメリカ啓蒙の群像
―スコットランド啓蒙の影の下で　1723～1801―
A5判・782頁・9500円

フランクリンからジェファスンにいたる「アメリカ建国の父たち」に焦点を合わせ、大西洋を越えた思想的交流を跡づけることによって、「アメリカ啓蒙」の実像を明らかにする。「スコティッシュ・モーメント」はアメリカにいかなる影響を及ぼしたのか。

978-4-8158-0685-9

伊藤大輔著
肖像画の時代
―中世形成期における絵画の思想的深層―
A5判・450頁・6600円

肖像画とは、見たままの対象の描写なのか。院政期に変容する絵巻物との連続性から、似絵や「明恵上人樹上坐禅像」などの肖像画をとらえることで、その深層に形成された思想の言葉の次元を明るみに出す。中世へと向けて大きく転換していく社会にあって、絵画は何を語り出そうとしたのか。

978-4-8158-0682-8

坪井秀人著
性が語る
―二〇世紀日本文学の性と身体―
A5判・696頁・6000円

性の政治性を問題化することをフェミニズム批評と共有しながらも、思想の道具化を排し、二〇世紀日本文学がとらえる性のすがたを、語る主体に焦点を当てることで、個々のテクストに即して描き出す。語り書く男性そして女性の、愉悦や葛藤を内包した声や身体を〈私〉へと奪還する試み。

978-4-8158-0694-1

堀まどか著
「二重国籍」詩人　野口米次郎
A5判・592頁・8400円

またの名をヨネ・ノグチ。沈黙の言葉を英語でつづり日本文化の紹介や諸芸術の融合を試みながら、「戦時メガフォン」として文学史から消された「世界的詩人」の生涯・思想・作品を、初めてトータルに明らかにした知的伝記。東西の文化翻訳への志はなぜ挫折しなければならなかったのか。

978-4-8158-0697-2

箱田恵子著
外交官の誕生
―近代中国の対外態勢の変容と在外公館―
A5判・384頁・6200円

科挙官僚の帝国で、いかにして近代外交の担い手は生まれたのか――。清末の公使館や領事館の開設はゴールではない。在外公館を孵化器に職業外交官が形成されていく過程を、個々の外交交渉のみならず、人事の実態を含めて把握することで、近代中国外交の展開と特質を浮き彫りにする。

978-4-8158-0687-3

中砂明徳著

中国近世の福建人
―士大夫と出版人―

A5判・592頁・6600円

東アジアの文化のハブとなった「南」の精神に測鉛を下す――。朱子学の原郷にして出版文化の中心を抱え、科挙で大成功を収めながら中央の政治とは縁遠く、海外の世界へと開かれた「異域」の個性。官僚社会でのふるまいと歴史教科書の出版を焦点に、その歴史的境位と文化の質を見定める。

978-4-8158-0689-7

貴堂嘉之著

アメリカ合衆国と中国人移民
―歴史のなかの「移民国家」アメリカ―

A5判・364頁・5700円

奴隷国家から移民国家へ。しかし、そこには「中国人問題」が存在した。南北戦争後の国家と社会の再編のなか、アメリカの帝国的拡大と人種や性や労働の問題が交錯する〈アメリカ人〉の境界画定の動きを、アジアからの眼差しで多角的・重層的に読み解き、アメリカ史像の核心をうつ力作。

978-4-8158-0690-3

田中　彰著

戦後日本の資源ビジネス
―原料調達システムと総合商社の比較経営史―

A5判・338頁・5700円

資源メジャーの台頭、新興国向け需要の急拡大のもと、日本の原料資源調達はどのような方向を目指すべきか？　総合商社を軸とした戦後資源調達方式の成功を新たな視点で実証するとともに、曲がり角を迎えた戦後日本の資源調達システムの再構築へのヒントを、歴史的視野で提示する。

978-4-8158-0688-0

高槻泰郎著

近世米市場の形成と展開
―幕府司法と堂島米会所の発展―

A5判・410頁・6000円

日次データによる大坂米相場の復元により、効率的な価格形成の具体的様相と、そのダイナミックな地方への波及を解明、幕府の米切手政策を軸に世界的先駆をなす市場の成立を新たな水準で描く。幕府の政策を失敗とのみ位置づけた従来の評価を覆し、近世市場の到達点を捉え直した画期的成果。

978-4-8158-0692-7

橘川武郎著

日本石油産業の競争力構築

A5判・350頁・5700円

産業の創始から今日までの初の本格的通史により、外国系と国内系石油会社の対抗をダイナミックに叙述、日本の石油会社の挑戦が挫折し続けた原因を正確に摑みだすとともに、歴史的文脈と今日の変化を踏まえ、確かな視点でナショナル・フラッグ・オイル・カンパニー創設への途を指し示す。

978-4-8158-0695-8

ける基軸としての地位を与えた、もっとも重要な根拠である。そして同時に、この世界経済における地位は、イギリス帝国という国際政治上の地位によって強力に支えられていたことを忘れてはならない。しかし、第一次世界大戦前に、イギリスの経済的地位は政治的地位とともに様々な要因によって脅かされていた。第一に、イギリスの基軸的地位を支える、アジア、中南米、アフリカの周辺地域との関係（基幹ルートI）の弱体化である。中南米は、すでに合衆国やドイツなどとの競争によって、工業製品市場のみならず、資本投資でも浸食されていた。またアジアでは、日本や植民地インドなどにおける繊維産業の発展によって、イギリスの工業製品市場が浸食されていた。加えて、政治的要因も留意せねばならない。それはイギリス帝国への脅威であり、一方では、インドのように民族独立運動が生成し始め、他方では、工業化を進める諸国がイギリスによる巨大な資源の政治的・経済的独占に対して反発を強めていたからである。第二に、合衆国やドイツといった新しい工業の中心の存在である。確かにこれら工業の中心は、二〇世紀初頭の多角的決済システムの構成要素ではあるが、急速に経済成長を続けており、自身を中心とした新しい交易ルートや決済システムを構築し、強化しつつあった。ヨーロッパ大陸内の周辺工業化と結びついたドイツの役割や、イギリス自治領や中南米における合衆国の役割が想起されよう。第三に、合衆国とヨーロッパとの関係である。イギリスはもちろん、工業的ヨーロッパ、あるいは「その他ヨーロッパ」は、合衆国に対して貿易では赤字であるが、投資収益や送金の受取りにより、これを縮小あるいは黒字にすることができた。しかし、強力な工業の構築、保護主義的政策、移民規制などは、合衆国の新しい世界の基軸としての地位を次第に現実のものにしつつあったのである。

二　国際金本位制の歴史的性格

二〇世紀初頭に成立した、イギリスを中心とした世界経済の多角的決済システムは、国際通貨システムとして国際金本位制 the International Gold Standard をもっていた。それは世界のほとんどの国が通貨の金平価を定め、金現送（対外支払いの決済のため、金（正貨）を直接送付すること）を許容することによって、一つの固定為替相場制を成立させる枠組みであった。このように定式化された国際金本位制はしばしば「安定的な」、あるいは「本来的な」国際通貨システムとして考えられ、その崩壊後、様々な形の国際通貨システムに問題が生じ、改革を迫られるごとに再建論が現れ、その機能や理論の検討が行われた。(23) 金本位制下の国際収支調整に関しては、ヒューム（David Hume）以来の「価格・正金流出入メカニズム」the price-specie flow mechanism の理論的想定がなお強い影響力をもっている。この理論的想定は、二国間の貿易で、一方のA国が輸出超過に、黒字になると、他方のB国から金銀が流入し、貨幣数量が増大するので、価格が上昇し、B国からの輸入が増大し、またB国への輸出が減少するので、両国間の貿易は均衡に向かう、というものである。その後、中央銀行の介在、あるいはまた所得変化などが理論に組み入れられることはあったが、基本的内容は維持された。(24) しかしこの理論には現実との齟齬が多く指摘されている。戦間期にヌルクセ（Ragnar Nurkse）は、国際連盟の研究で、二六の中央銀行について検証し、「価格・正金流出入メカニズム」に沿って、あるいは「ゲームのルール」に従って行動した例は、その反対の例よりも少ないことを示した。(25) ヌルクセはこうした各国中央銀行の行動が、国際金本位制の機能の喪失に結果したと考えた。しかしブルームフィールド（Arthur Bloomfield）の研究は、二〇世紀初頭の古典的な国際金本位制の時代にあっても、この「ゲームのルール」の「違反」の事実が多くあること、各国の中央銀行ないしは通貨当局はかなりの裁量をもって行動したことを示した[26]。国際収支不均衡の調整に関しては、中央銀行の政策や国家間の短期資本移動が大きな役割を演じていた。金は上述の「メカニズム」に従って移動することはなく、移動しても規模は通常限られていた。価格の変動は景気の変動に従って国際的に同じ方向に動いた。アイケングリーン（Barry Eichengreen）が「歴史的に特殊な制度としての金本位制」を問題にしているように[27]、国際金本位制の理解のためには、二〇世紀初頭の世界経済を前提として、どのような国際通貨システムが歴史的に形成され、どのような構造と機能をもち、どのような限界をもったのかを問題にする必要があろう[28]。

国際金本位制の出発点は、イギリスの金本位制の採用である。ナポレオン戦争後、イギリスは一八一六年に金本位法を制定し、イングランド銀行は一八二一年から金兌換を再開した。産業革命の進展を前提とし、世界的規模での貿易、金融取引の拡大を展望した決定であった。さらに一八四四年のピール銀行法は、イングランド銀行への銀行券発行の集中と、金準備に並行するイングランド銀行券の発券規制とを実施することによって、イギリス通貨スターリングの信用性を強化し、貿易信用の拡充と資本輸出の拡大に大きな道を開いた。ピール銀行法はまた、預金業務を基礎とする商業銀行の発展を促進した。合併や吸収を通じて発達した支店網をもつ株式預金銀行が発展していった。一九世紀の第三四半期は、イギリスの主導する自由貿易体制のもと、世界経済の高成長期であったが、世界の大勢はなお銀本位制、あるいは複本位制であった。一九世紀の半ばにオーストラリア、カリフォルニアで金鉱が発見され、金の供給量は増大したが、銀の供給も一八六〇年代後半から増大し、貨幣需要を満たした。フランスは一九世紀初めから複本位制をとってきたが、一八六五年にベルギー、イタリア、スイスとともにラテン通貨同盟を結成し、複本位制を安定化し強化しようとした。

しかし一八七〇年代初めに大きな転換が起こった。普仏戦争に勝利したドイツは、四〇億マルクの賠償金を使って、金本位制へ転換した。ドイツは明らかに自国工業の世界的展開のために、イギリスが築き上げた世界市場と金融的地位にリンクすることを選択したのである。これとともに一連の国で金本位制への移行が始まった。オランダ、北欧三国、そしてラテン通貨同盟の諸国、さらには合衆国も実質的に金本位制へ移行した。こうした流れに触発されて銀価値の下落が加速した。金銀比価は一九世紀初めより一八七〇年代初めまで金一に対して一五～一六を超えることはほとんどなかったが、一八九〇年代初めには二六、一九〇〇年代の初めには三六に落ちた。しかし金の供給量は、一八五〇年代に年平均二〇〇トンに達して以後、一八九〇年ごろまで下落傾向が続いた。[29] これは貨幣供給と信用拡大の制約となったと見ることができ、大不況期の物価低落の一つの原因となった。各国で産業経営者や農民を中心に金銀複本位制の再建の運動が起こった。イギリスでは一八八八年に王立金銀委員会 Gold and Silver Commission が設立され、[30] 合衆国では複本位制の復活は九〇年代の大統領選挙の大きな争点となった。また一八七八年、一八八一年、一八九二年の三回にわたって、国際貨幣会議が開催され、各国の銀の自由鋳造、国際協定による金銀比価の設定など、複本位制の再建が討議された。

しかしこうした運動は結局成功することなく、一八九〇年代後半に始まる、世界経済の長期的な成長局面において、オーストリア＝ハンガリー、ロシア、日本、そしてインドと次々に金本位制、あるいは金為替本位制へ移行する国が現れ、二〇世紀初頭には、中国など僅かな国を除いて、国際金本位制は世界のほとんどの国を包括する通貨体制に成長した。金本位制への移行は、イギリスをはじめとする金融センターにリンクし、為替の安定と資本輸入の拡大を実現する手段であった。

ところで、新しい局面への移行は、貨幣供給の面でどのような要因によって支えられたのだろうか。周知のごとく、オーストラリア、カナダのクロンダイク（the Klondike）や南アフリカで金鉱が開発され、また青化法などにより精錬技術が向上したことによって、一八九〇年代に入ると、世界の金供給量は増大に転じ、一八八〇年代に年平均一六二トン程度であったものが、一九〇〇年からの一〇年間には五六八トンに上昇していた。[31]こうした金供給の増大は、工業的金需要の増大や金本位国が増大したことを考慮する必要があるが、この時期の貨幣供給の増大をもたらした大きな要因であった。しかし留意すべきもう一つの要因は、金融組織の発展と預金通貨の増加である。イギリスでは、イングランド銀行を頂点として、高度に発達した分業構造をもつ金融組織が形成され、信用規模の拡大を支えた。とくに株式預金銀行の成長は著しく、大規模な支店網を形成し、預金量を格段に増大させていった。株式預金銀行の預金は一八八〇年に五〇〇百万ポンドであったが、一八八九年に六四〇、一八九九年に八五〇、一九一四年に一二二六各百万ポンドに成長した。これらの預金の大部分は、ロンドンの五大銀行に集中していた。[32]フランス、ドイツ、合衆国においても預金業務は、株式銀行を先頭とする金融組織の発展と貨幣供給の増大と結びついた。

二〇世紀初頭の国際金融市場の安定と成長は、国際金本位制の成立を基盤としていた。しかし国際金融市場は、各国の中央銀行や通貨当局の独自な政策、行動から構成されており、またすぐれて階層構造をもっていた。各国の金融構造は固有の性格をもっており、金平価の維持、金準備の確保のような点を除けば、各国に共通の政策パターンを想定することは難しい。中心国たるイギリス、フランス、ドイツ、合衆国の四カ国は金貨本位制 gold coin standard あるいは「完全金本位制」であって、金の自由鋳造が認められ、金貨が現実に流通していた。イギリスは世界最大の債権国、世界金融の基軸国であり、豊富な資金量と対外金融のための高度に発達した金融組織、バジョット (Walter Bagehot) が描き出す『ロンバード街』をもっていた。[33] 豊富な資金量は、諸外国が貿易と金融取引の決済のため、あるいは政治的理由のために置いていた、ロンドン残高によっても支えられていた。イングランド銀行は主に、公定金利を小刻みに変動させる政策によって、内外の資金の流出入を調整し、世界の金融市場に強い影響力を及ぼした。同行はなお商業銀行としての機能を維持していたが、金準備の確保、最後の貸し手としての公的な役割を明確に意識し、行動していた。[34] 第一次世界大戦まで、国際決済通貨としてのスターリングの地位は圧倒的であり、フランやマルクが競争者として登場するとしても、主としてヨーロッパという地域に限定されていた。

フランスは、世界第二位の金融センターであり、イギリスの基軸的地位を補完していた。クレディ・リオネ、ソシエテ・ジェネラルなど四大株式預金銀行は、支店網を広げ、資金量を増大させ、海外金融に従事する金融商会に資金を提供していた。またパリ・ペイ＝バのような大規模な事業銀行 banque d'affaires があり、産業金融を中心に海外事業にも進出した。中央銀行としてのフランス銀行は世界最大級の金準備の保有者であった。一九一〇年にイングランド銀行の四倍以上の一三〇百万ポンドの金を保有していた。この金準備は、フランス銀行の特徴的な政策、低く変動の少ない公定金利を維持する政策を可能にした。こうした政策は、資本輸出や短期資金供与を事業とするフランス諸銀行の収益を安定的に保証した。[35]

ドイツは工業の質・規模の両面で世界の工業的中心としての地位を固めつつあった。すでに述べたように、ドイツの信用銀行は、預金量の拡大によって、商業銀行機能を発展させるとともに、広汎な顧客を背景に投資銀行として証券発行・販売機能を担っていた。ドイチェ・バンクなどのベルリンの大銀行は、こうしたユニヴァーサル・バンクとして、産業金融に深く関わり、またパリやロンドンからの短資導入を貿易金融や資本輸出に結びつける対外金融業務にも優れていた。一方、中央銀行としてのライヒスバンクは、産業促進的な性格をもっていた。同行は、全国的な支店網により、独特な支払いシステムである振替制度 Giroverkehr を構築し、強力な資金量を背景に、資金需要の窮迫期に、諸銀行による手形の再割引、ロンバード(証券担保付貸付)の請求を、公定金利に従ってほとんど無制限に受け入れていた。ライヒスバンクのこうした政策は、産業金融に深く関わり、流動性に問題を抱える信用銀行の大きな支えとなったが、反面では、国内、国外への金流出により、ライヒスバンク自身の窮迫を招く可能性があった。[36]

ドイツとともに、世界の工業的中心に成長した合衆国は、金融システムの大きな転換を迫られていた。[37] 一八六三年法によって成立した国法銀行は、発券機能においては厳しく規制され、非弾力的であったが、健全な商業銀行の発展にとって大きな意義をもっていた。国法銀行は一八の兌換中心都市では預金の二五%を準備としてニューヨーク諸銀行に預金することが定められ、それ以外の地方銀行も預金一五%を準備として保有し、一部を兌換中心都市に預金することが定められた。これはニューヨークを頂点としてピラミッド型の「銀行間預金」のネットワークあるいは預金通貨の組織の構築に導いた。国法銀行の成立の後、州法銀行も預金準備を増加し、ニューヨークやその他の大都市の銀行とリンクしながら、健全化の方向に進み、次第に国法銀行に競合するような勢力になっていった。国法銀行と州法銀行を合わせた預金額は、一八九〇年の約三〇〇〇百万ドルから一九一〇年の一一六〇〇百万ドルへと四倍近くに増加した。公衆の保有する通貨量は一八九〇年に預金額に対して三〇%程度であったが、一九一〇年には一五%にまで減少していた。合衆国は中央銀行をもっていなかったので、ニューヨーク諸銀行が、合衆国全体の準備銀行としての役割を担うはずであった。しかし、これらの銀行が実際にもっていた現金準備は僅かなものであった。地方からニューヨークへ集中する銀行間預金は、そのほとんどが株式市場のブローカーへのロンバード・ローンやコマーシャルペーパーの購入に投入されていた。もちろん財務省は通貨当局として世界最大の一一〇〇百万ドルに及ぶ金を保有していたが、独立国庫制度の下で金融調整機能はごく限られた範囲しか許されなかった。そこで金融の逼迫期にはロンドンから短期資金が導入された。合衆国には金融逼迫を引き起こす二つの特別な原因があった。一つは、伝統的に合衆国の西部、南部の農業地帯では収穫期、作付期に大きな現金需要が発生したことである。これはニューヨーク諸銀行の現金準備を枯渇させ、ロンドン宛て手形の振り出しによる金の輸入が図られた。こうした合衆国の資金需要の季節変動は、確かに国際金融市場の撹乱的要因であったが、この要因と絡んでもう一つは、合衆国が本格的な工業国となり、また、経済規模が巨大になるとともに、世界の景気循環をリードするように成長したことが、より決定的な要因であった。一九〇七年恐慌においては、ロンドンは合衆国の短期資金の要求に早くから防御措置をとるとともに、公定金利を七%にまで引き上げ、破綻を免れることができた。こののち、合衆国では中央銀行の創設が大きな政治的課題となるのである。

上記の四カ国に続いて、ベルギー、スイスのようなラテン通貨同盟に属した国々は、中央銀行に銀兌換の裁量を残してはいるが、実質的な運用において、上記四カ国に近い金本位制に属している。以上の中心諸国以外では、スペインなどの紙幣本位制や中国などの銀本位制の少数の国を除いて、世界の国々は様々な形態の「金為替本位制」gold exchange standard の下に包括できる。[38] ロシア、オーストリア＝ハンガリー、イタリア、日本のような周辺工業国、またスウェーデンをはじめとする北欧諸国は金融中心地への預金などを通じて対外準備の著しい部分を外国為替あるいは在外預金で保有していた[39]。国際金本位制の成立は各国の通貨当局を金準備の拡大を志向する傾向に導いた。それは自国の工業化を目的とする為替の安定、貿易金融、短期・長期の資本輸入などの経済的動機だけでなく、すぐれて政治的威信を示すものでもあった。ロシアはヨーロッパ最大の債務国で、第一次世界大戦前夜には外国人保有の公的な借款だけで五八〇百万ポンドを超えていたとされるが、他方で金準備額においては、フランスを凌駕してヨーロッパ最大であり、これらのほとんどはヨーロッパの金融中心地パリ、ロンドン、ベルリンに預金されていた。預金総額は六二百万ポンドに達し、なかでもパリは四六百万ポンドと突出していた。こうした短期債権がしばしば国際政治上の目的、同盟関係、政治圧力などに利用されたことは周知の事実である。日本はロンドンに巨額の「在外正貨」を預金しており、日本政府、日本銀行、横浜正金銀行の金保有、合わせて四〇百万ポンド近くが預託されていた。このことにより、イギリスは金の国外流出を避け、イングランド銀行の金準備を強化することができ、他方で日本はロンドンで貿易金融や資本調達の便宜を得たが、政治的には日英同盟の担保となった。オーストリア＝ハンガリー、イタリアの場合、一九一〇年に両者ともおおよそ五五百万ポンドの金を保有していた。これはヨーロッパでも有数の規模であり、ドイツライヒスバンク、イングランド銀行より大きい。しかし両国とも金兌換を明確に保証することなく、いわゆる「外国為替政策」Devisenpolitik を実施することなどによって、為替の安定、金流出の阻止を図った。しかし一九〇七年恐慌以後、クローネ、リラとも、金平価の維持が次第に困難になっていった。最後にスウェーデンは、短期・長期の資本導入のため、パリ、ベルリン、ロンドンに預金をもち、外国為替を中央銀行の対外資産の最大の構成部分としていた。フィンランドを含めて他の北欧諸国も同様であったと見られる。

イギリス帝国の属領 British possession（直轄植民地および自治領）のように、本国に強い政治的な結びつきがある場合、通例、外貨準備は本国に保有され、純粋な金為替本位制をとっていた。そして一般に中央銀行をもたず、その金融調整は本国の政治的・経済的意図に強く影響された。一九一三年にアフリカ、アジア、オーストラリアのイギリス属領はロンドンに合計して約三〇百万ポンドの預金があった。なかでもインドは二七百万ポンドを超える預金を保有していた[40]。ここでもインドはイギリス帝国の強力な支柱であった。もちろん、属領でも一様でなく、自治領カナダは、工業化を推進するため合衆国との強いきずなが必要であり、カナダ諸銀行はその準備をロンドンとともに、ニューヨークにも配分していた。ラテンアメリカ諸国は、直接・間接の資本輸入によって開発を進めていたが、金本位制は必ずしも安定していなかった。イギリスをはじめ、欧米の投資利害は、為替の安定、金本位制の維持を要求した。反対に、これらの国で強い政治的勢力である大農場主は為替の引き下げの傾向を支持した。そして政治的混乱や金融的・経済的危機は、しばしば金本位制からの離脱や、金平価の切り下げをもたらした。同じようなことは、ラテンアメリカだけでなく、その他の周辺国でも起こった。例えば一八八五年のアルゼンチン、一八九〇年のポルトガル、一八九八年のチリ、ブルガリアおよびメキシコがそうである。以上のように、国際金本位制の下で、金為替本位をとる国は圧倒的な多数を占めており、周辺地域でも工業化を進める国々か、一次産品輸出国かによって、あるいは植民地か一応の独立国かによって形態を異にしていた。

金為替本位制は、一方ではイギリス、フランス、ドイツ、合衆国のような中心国に大きな利益をもたらした。なかでもロンドンは金為替本位をとる国々の圧倒的部分の外貨準備を集中し、これを軸としてロンドン残高を拡大することによって、短期・長期の資本輸出能力を拡大した。また、こうした金融市場の集中を通じて、イングランド銀行はその金融政策の有効性を強化することができた。しかし他方では、中心国は巨大な短期債務を世界に対して負うこととなった。金為替本位制をとる国々、とくに中央銀行がない弱小国では、政治的動乱や金融・財政的危機が起こると、直接に中心国の金融市場に衝撃を与えた。アルゼンチンの政治的・金融的危機を契機として起こった、一八九〇年のベアリング恐慌はその例である。さらに大きな衝撃は、国際的な政治的危機や戦争、あるいは金融中心における金融的危機によって引き起こされうる。短期債権の集中的請求は、中心国の金本位制を揺り動かし、瀬戸際まで導く恐れがあった。

すでに述べたように、貨幣供給の面から見ると、第一次世界大戦前の約二〇年間の経済成長は、金供給の増大を基礎としながら、とくに中心諸国における大銀行の預金業務の拡大と集中によって支えられた。しかし国際金本位制は、各国が金平価を定め、金をもって最終支払い手段とすることによって成立している。これは各国の公約であり、その上に国内においても国際的にも全信用システムが構築されている。確かに小国や周辺国の中には公約違反がないわけではない。しかし中心国の場合には容易にこうしたことはできない。とりわけ世界決済システムの中心であり国際金本位制の基軸国であるイギリスは、公約の厳格性と透明性を要求されている。ここでは、いわゆる金操作 gold devices の試みがまったくないとはいえないが、極めて限られた範囲にとどまる。しかし、金準備不足に関する問題はイギリスで早くから問題にされていた。この問題は二〇世紀に入ってより深刻に捉えられるようになった。確かにイングランド銀行は、商業銀行としての収益性を制約しながらも、金準備の増大に努力している。イングランド銀行の金準備は、ベアリング恐慌の年、一八九〇年に僅か二一百万ポンドであったが、一九一三年には三六百万ポンドと一・七倍に増加していた。だが、ここで問題にされている金準備の不足は、通貨発行に対する準備不足ではなく、諸銀行の預金量

図5-2　金準備率の変化（%）

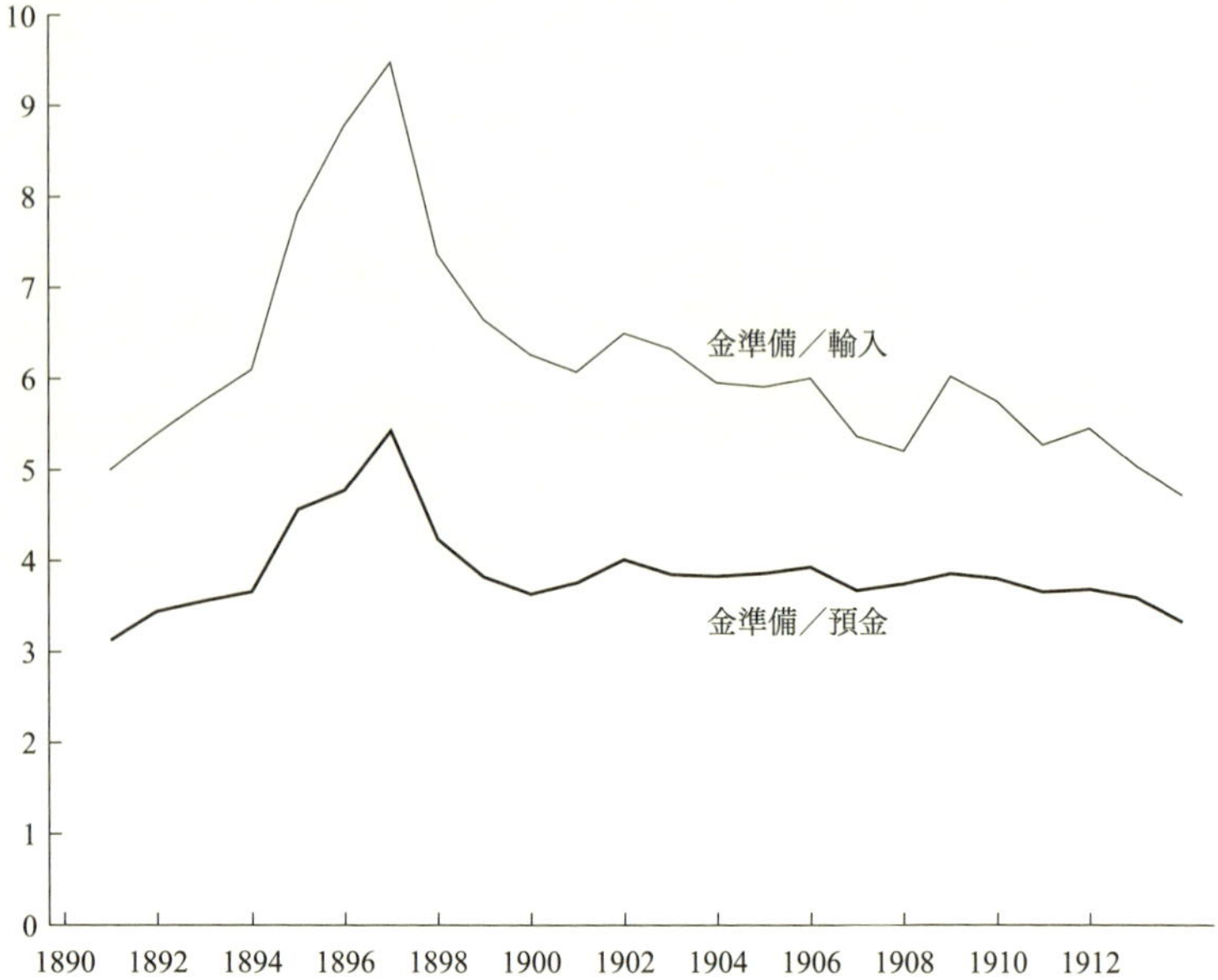

銀行預金は手形交換所加盟銀行のもの。ただし1911-1913年はイングランド銀行統計。B. R. Mitchell, *op.cit.*, pp. 444-446.

に対して、あるいは諸外国のもつ対英短期債権に対する準備不足であった。いまイングランド諸銀行の預金と輸入額に対する金準備率の趨勢を見ると（図5－2参照）、一八九〇年から九〇年代半ばにかけて、両者とも顕著に増大しているが、その後は減少傾向に向かい、第一次世界大戦直前には、一八九〇年のベアリング恐慌の水準にまで低下している。こうした準備率の傾向的低下とともに、注目すべきは、九〇年代半ばの数年を除いて、準備率が全体的に極めて低い水準にとどまっていることである。対預金準備率は二〇世紀に入るとほとんど三%台が続いている。また対輸入準備率も一九〇五年以降は六～五%の低い水準にとどまっている。「こうして巨大な信用のピラミッド **A huge credit pyramid** がイングランド銀行に保持されている貧弱な現金準備 the exiguous cash reserve の上に打ち建てられていた。」[41] イングランド銀行は、公定金利政策を中心として、準備を適正に維持するよう努力していた。確かに公定金利の細やかな上げ下げは準備の調整に対する有効な手段であった。これは言うまでもなく、イギリスの高度な金融組織、資本輸出能力など、世界経済に占める基軸的地位に支えられていた。しかし、こうした公定金利政策はある種の限界に遭遇していた。市場金利に対する影響力が次第に失われてきたのである。とくに公定金利の引き上げによって、金準備または預金準備の減少を防止する効果の低下、あるいは後れが生じることが問題であった。この背景には、一つには株式預金銀行の成長、預金通貨の増大があった。一八九〇年のベアリング恐慌の際、イングランド銀行は政府と協力してフランス銀行、ロシア銀行から金輸入を実現し危機を回避したが、総裁リッダーデイル（W. Lidderdale）は、[42] このような危機を防止するため、大預金銀行にイングランド銀行への預金の増加を求め、金準備の拡大に努力した。しかしイングランド銀行が、増大した預金を市場での収益事業に利用することに対して、預金銀行側の不信が増大したので、協力関係は長く続かなかった。

イングランド銀行の金融政策に対する、こうした限界は、その後も解決されないまま、第一次世界大戦直前にピークに達する。一九〇七年恐慌のような深刻な経済的危機、頻発する国際的・政治的危機に直面して、大預金銀行を中心とする勢力は金準備の拡大を要求し、必要ならば、イングランド銀行の外に独立した金準備を創設するとした。[43] これに対して、イングランド銀行や政府の関係者は、このような方策は実効性がなく、また金準備を多少引き上げても有効性は限られていると反論した。大蔵大臣からの諮問に答えて、当時の金融問題の権威、ペイシュ（Sir George Paish）は、①準備はイングランド銀行に集中することが最良である、②諸銀行の預金の二％をイングランド銀行に預け入れることを定める、③総裁の任期を延長し、政府任命にする等によってイングランド銀行の権限を強化し、裁量の範囲を拡張する、④準備率を引き上げる、などという改革案を提出している。[44] こうした銀行統制の方向は、同時にイングランド銀行が中央銀行としての公的な役割に徹することも要請している。

ドイツでも、一九一一年のモロッコ危機に続く金融的混乱の中で、ライヒスバンクは、諸銀行に対して現金またはライヒスバンク預金による準備率を一〇～一五％へと引き上げ、証券投資および内外の引受手形に対する信用保証を制限することを提案した。こうした規制の方向は、翌年には、金利規制にまで拡充され、諸銀行の「一般協定」、銀行カルテルとして具体化した。[45] また同時期に設立を進められていたアメリカ連邦準備制度において、一二の連邦準備銀行は、国法銀行をはじめとする加盟銀行から準備金の預託を受け、銀行券の弾力的発行と商業手形の再割引の権限、さらには「公開市場操作」の可能性さえも与えられていた。また連邦準備局は、各地域の連邦準備銀行を通じて銀行活動の全体的な統括・調整に当たるべく、独立の公的な権限を与えられていた。[46]

以上のような中央銀行の公的な機能の強化と銀行活動に対する統制の強化は、国際金本位制のもつ限界への対応であった。国際金本位制は、基本的に金を貨幣供給の基礎とすることによって成立していたが、この基礎の上に、国内的にも国際的にも巨大な信用の山が築かれた。金が国内決済や国際決済の手段として現実に機能する範囲は次第に限られていった。もっとも大きな問題は国際的な決済問題であったが、中央銀行は公定金利政策や様々な手段を講じて調整や管理を試みた。しかし、信用規模が増大するとともに、中央銀行の金融市場への影響力が低下し、大きな金融恐慌や国際的・政治的危機の際には、金準備防衛が困難となり、金融システム全体が崩壊する恐れがあった。その結果、中央銀行の権限と統制力の強化が図られることになったが、それは国民的な信用と金融システム全体の調整と管理の始まりであった[47]。それはまた反面では、金本位制そのものの名目化、形骸化への道を切り拓いた。金本位制の批判や相対化の議論は、すでにこの時代に現れており、ケインズ（John Maynard Keynes）の『インドの通貨と金融』（一九一三年）、あるいはまたドイツのクナップ（Georg Friedrich Knapp）の『貨幣国定説』（一九〇五年）やベンディクセン（Friedrich Bendixen）の貨幣論にもうかがうことができる[48]。

三　帝国主義時代と国際秩序の転換

一九世紀末から二〇世紀初頭は「帝国主義時代」といわれている。それは、各国が地球上の諸地域をめぐって争い、ついには第一次世界大戦を引き起こした時代であった。「帝国主義」は同時代から広く使われていた用語であるが、一体それはどのような国際的政治状況を表したものか、その経済的意味はどのようなものと理解できるのか、これが第Ⅰ部の最後の節の課題である。念のため付言すれば、一般的な意味での帝国主義は、ある民族ないしは国家が、他の民族・国家を政治的・軍事的に侵略し、あるいは支配する政策、体制や思想を意味する。それは経済、社会、文化の領域での支配についても援用されることがある。古代帝国の事例が示すように、帝国主義はこの意味で極めて古いものであり、人類の歴史とともにあるといえる。また資本主義は、一六世紀以降、地球上の諸地域を統合していくが、この過程はヨーロッパ諸国による周辺地域の政治的支配の過程であり、従って帝国主義はスペイン、ポルトガルによる世界征服の時代、オランダ、イギリス、フランスなどが競った重商主義時代、さらには一九世紀半ば以降の自由貿易体制の時代、そして一九世紀末から二〇世紀初頭の「帝国主義の時代」を通じて、一貫して連続的であった。

帝国主義の理解やそれをめぐる論争は多岐にわたるが、[49]すでに同時代にその対立する二つの原型が示されている。一つはシュンペーターの政治的・社会的解釈であり、もう一つはホブソン（John Atkinson Hobson）、レーニンの経済的解釈である。そこには、資本主義と帝国主義との関連について大きな対立がある。シュンペーターは著書『帝国主義と社会階級』（一九一九年）において、[50]帝国主義を資本主義から切り離して、政治的な「隔世遺伝」現象と論定する。帝国主義は資本主義がもつ進歩的・合理的性格から由来するものではなく、資本主義出現以前からあった思想や行動に由来する。それらの多くは絶対主義国家から引き継ぎ、政治家や軍人の中に息づいている。そこには当時現存したオーストリア＝ハンガリー帝国、ロシア帝国などの専制的帝政国家の存在が投影されている。ただシュンペーターは、ヒルファディングやバウアー（Otto Bauer）らのオーストリア・マルクシストの主張を一部取り入れ、ドイツのような例外的事例においては、カルテルやトラストなどの最新の資本主義の傾向が帝国主義的傾向と結びつくことを否定していない。しかし、一般的に帝国主義を資本主義から切り離し、その政治的・社会的要因がもつ独立の意義を明確にした点で、研究史において、一つの代表的な立場を代表している。[51]

シュンペーターに対して、ホブソンやレーニンの帝国主義論は政治過程や社会運動の中で大きな影響力を発揮した。[52]ホブソンは、イギリス階級社会を想定しながら、限定された消費を超える貯蓄は過剰資本を生み出し、これは海外資本輸出に向けられ、投資分野をめぐり、植民地争奪の国際競争を激化させているとし、そこに現下の帝国主義政策の根源を求めた。レーニンは、独占資本主義の成長が国内に過剰資本を生み出すことによって、資本輸出を必然化し、投資領域確保のための国際的競争が激化する。その結果、植民地・従属国の支配、列強による世界分割が生み出されるが、各国経済の不均等発展は、再分割を要求し、戦争に導くとした。そしてレーニンは帝国主義を資本主義の最高で、「死滅しつつある」段階と規定した。両者とも、当時の資本主義が経済的論理必然的に帝国主義を生み出すと考えている。では、帝国主義と戦争を当時の資本主義とこのように結びつけることは果たして可能であろうか。論理上の大きな難点は、資本輸出を論理の軸に据えていることである。資本輸出は必ずしも植民地領有や国際紛争に導くとはいえないし、各国の資本主義によって資本輸出のもつ意味は違っている。確かに、資本輸出以外の様々な経済的権益、通貨金融、鉄道等のインフラ、鉱山・農業開発、貿易独占なども国際対立の原因となりえた。しかし二〇世紀の歴史をたどれば明瞭なように、経済的要因がいかに重要であるとしても、国際秩序のあり方、あるいは国際問題の処理の方法と基準、これらを調整する覇権国の能力という政治的要因によって、状況は大きく違ってくる。

一六世紀以降の資本主義の発展は、地球上の地域を次々に統合していく過程であり、すでに述べたように、資本主義は二〇世紀初頭にはほぼ地球全体を包括するようなシステムに成長した[53]。こうした長期の統合過程は、資本主義の推進力であったヨーロッパ諸国による地球の政治的・軍事的支配の拡大の過程でもあった。ヨーロッパで出現した国民国家は、ヨーロッパ内では、三〇年戦争後、ヴェストファーレン条約のような「勢力均衡」を構築し、一定の安定を志向した。しかし、国民国家の主権が無制限の武力行使を含むことは基本的な前提であり、原理的にはいつでも領域を取得して国家機能を拡張することができた。従って、ヨーロッパ内部の諸勢力の消長により、軍事行動を伴う再編成や部分修正が引き起こされた。ナポレオン戦争後のウィーン会議による再編成や普仏戦争後の統一ドイツの地位などがその例である。他方、ヨーロッパのヨーロッパ外に対する関係も基本的に国民国家の主権概念を前提として展開された。「開国」や「開港」、貿易や商業活動の自由、自然資源の開発、インフラ建設などには、国家を前提として、その承認や認可が要求されるが、ヨーロッパ諸国は、基本的に軍事行動を背景としながら、対象とする地域や国家の事情によって、様々な行動パターンをとった。一つは、現地に比較的大きく強力な中央集権国家が成立しており、必要な条約や領事裁判権などの特権の保障を得ることができる場合である。この場合には、軍事行動や大きな支配費用を必要としないが、他方ではこうした国や地域をヨーロッパの一国が独占することはできない。ムガール帝国、ペルシア、中国、日本、シャム、エチオピア、オスマン帝国のような国々は、少なくとも初期的にはヨーロッパ諸国によって政治的実体として承認された。また、スペイン、ポルトガルから独立後の中南米諸国は、ヨーロッパ諸国に近い国民国家の地位を認められた。もう一つは、いわゆる「無主地」terra nullius としてヨーロッパ諸国が領有権を主張する地域であり、地域を支配・統治する強力な政治勢力がなく、部族などのミニ社会集団が分散的に存在している場合が多い。こうした地域の領有権は、戦争や外交の結果、譲渡され、他のヨーロッパ諸国に移行する場合がある。北米、中南米のように政治的独立を獲得する場合を除いて、領有された地域は属領、植民地として、宗主国の政治的・経済的独占的支配の下に置かれた。以上のような二つの形式は、その間に多くの中間形態を含みつつ、資本主義の世界的統合過程の政治的側面を表していた。ヨーロッパ国民国家の主権行使は、大きな制約なしに、国際法の基準となり、第一次世界大戦までの国際秩序を構築していった。しかし、世界経済のグローバル化と稠密化の中で、頻繁な紛争や軍事同盟を生み出し、その結果、このような、いわば自然発生的な国際秩序は再編を余儀なくされるのである。主要国の利害で、どのように国民国家の主権と既存の国際秩序を改革し再編するかは、帝国主義時代を特徴づける政治的課題の一つであった。

こうした大きな制度的枠組みを前提とした上で、二〇世紀初頭の国際政治状況をより具体的に理解するためには、イギリス自由貿易体制とその解体について検討する必要がある。(54) 産業革命で世界の工場としての地位を獲得したイギリスは、一八四四年のピール銀行法により、ポンドの国際通貨としての地位を強化するとともに、一八四六年の穀物法撤廃以降の自由貿易政策への転換によって、自身を中心とした国際的経済秩序の構築を推進した。イギリスは一八六〇年代には、英仏通商条約を起点として、ヨーロッパ通商条約網の形成を促し、同時に非ヨーロッパ諸国に対しては、他のヨーロッパ諸国と協調しつつ、物理的強制力を背景に、開国や市場開放を迫った。自由貿易帝国主義論が強調するように、一九世紀第三四半期は「貿易すれども支配せず」trade, not rule という時代ではなく、公式、非公式の帝国の大拡張期であった。そして、すでに述べたように、イギリスは一九世紀後半の過程を通じて周辺諸国への資本輸出を拡大し、食料や原料を開発し、世界的規模での海運ネットワークを築いていった。ヨーロッパ大陸諸国は自国の工業化を推進しながら、この開放と開発の大きな拡張に参加した。こうしたイギリスとヨーロッパ諸国との関係は通商条約網の形成に、とくに最恵国条項 most favoured nation clause がもつ意味に端的に表示されている。最恵国条項は、ヨーロッパ諸国間の通商条約に広く盛り込まれることによって、ヨーロッパのより自由な通商関係の成立に寄与した。ヨーロッパ諸国にとって大きな魅力は、イギリスが最恵国条項の対象に属領・植民地を含めたことである。一八六二年のベルギーと一八六五年のドイツ関税同盟との通商条約で最恵国条項は帝国全体に拡大適用された。これは他の条約国に対しても同条項が均霑されることを意味した。帝国全体を含むことは、イギリスの強力な交渉手段となった。このことはイギリスにとって決して不利ではなかった。帝国を開放する危険を冒しても――この段階では実質的被害はほとんどなかったが――、ヨーロッパ諸国を世界の開放・開発運動に参加させることで、むしろ大きなエネルギーを生み出し、イギリスの経済、政策に結果的に大きな利益をもたらす、いわば「吸収効果」を期待することができたのである。

自由貿易体制はイギリスを中心とした国際秩序、イギリスの平和を裏づけるものであったが、大不況期に入ると解体の方向に向かう。第一に、ヨーロッパ諸国が保護主義的政策に転換した。ドイツは一八七九年の関税法により、またフランスは一八八一年に保護主義的な関税政策へ転換した。さらにロシア、オーストリアなど、工業化を推進する周辺諸国も高関税政策を採用した。ヨーロッパ外では合衆国が一八九〇年のマッキンリー関税法、一八九七年のディングリー関税法によって高関税政策を強化し、工業化の推進と海外市場の開拓を志向した。第二に、イギリスがアジア、中南米、アフリカにおいて築いてきた市場を新興の工業諸国が次第に浸食し、イギリスの「吸収効果」が失われていった。こうした傾向に対抗する上で、帝国植民地は最後の堡塁であった。たとえ最恵国条項が適用されていようとも、植民地は実質的にイギリスのある程度独占的な市場として確保できていた。このことは一九世紀末から帝国向けの輸出貿易の比率が上昇したことに示されている。すでに述べたように、イギリス国内には帝国特恵制度の導入を推進する政治勢力があり、また帝国内にもカナダのように積極的に帝国特恵を主張する国があった。だがイギリスは、自由貿易政策によって築き上げた、世界経済における普遍的地位を容易に放棄することはできない。ただ一八八〇年代から、通商条約における、自治領やその他の属領に対する取り扱いに変化が現れた。例えば一八八三年のイタリアとの通商条約において、両国とも「いかなる他の外国において in any other *foreign* country 生産され製造された品目に対して、『他の関税あるいはより高い関税』を課すことはない」としている。(55) この最恵国条項は

「外国の」という語を使うことによって、巧みにイギリスの植民地を例外扱いとし、これらに特恵を付与する余地を与えているのである。こうした方法は次第に一般化し、無条件の最恵国条項は姿を消していく。一八九〇年代に帝国特恵は公然の要求となった。一八九四年のオタワ植民地会議は帝国特恵を支持し、一九〇二年、一九〇七年の同会議もそれを要求した。カナダは一八九七年に独立してイギリスに対する特恵を付与した。ベルギーとドイツは特恵の導入に対して最恵国条項を根拠に激しく抗議した。結局イギリス政府は一八九七年に、二つの条約から撤退する旨を両国に通告した。こうしてイギリス自由貿易体制の骨組みはすでに第一次世界大戦前に瓦解しつつあったのである。こうしたイギリス自由貿易体制の崩壊の後に、いかなる体制を創出できるかが、帝国主義時代の大きな政治的課題の一つであった。

帝国主義時代の第三の政治的課題は、旧型帝国の崩壊と多数の民族の政治的独立の運動への対応であった。旧型帝国の典型例は、オスマン帝国、清帝国であったが、周辺工業化を推進していたオーストリア＝ハンガリーやロシアも旧型帝国の骨格を強く残していた。こうした帝国は領域内に多数の民族を支配していたが、帝国の支配権力は伝統的に領域内諸民族の反抗、反乱に悩まされてきた。一九世紀末には、オスマン帝国や清帝国は西欧列強の侵略の対象になり、崩壊の危機にさらされていた。同時にそれまで帝国の支配下に置かれていた諸民族の政治的独立運動が始まった。オーストリア＝ハンガリー帝国は、ハプスブルク家の支配下に、ドイツ人、マジャール人、チェコ人など、多民族利害の対立を何とかまとめていたが、第一次世界大戦の敗北によって一挙に崩壊した。同様にロシアは一九一七年の革命とともに支配下の諸民族の独立運動が起こり、ソヴィエト政権はこれを制圧することに苦慮した。バルカン危機が示すように、オスマン帝国の勢力後退による空白地帯では、セルビア、ブルガリア、ギリシャなどの小国と多数の民族の利害が錯綜し、そこにロシア、オーストリア＝ハンガリーをはじめとする大国が絡む、複雑な政治状況が作り出された。すでに述べたように、この地域は西ヨーロッパ中心諸国への農産物、鉱産物の輸出に強く依存していたが、ヨーロッパ工業諸国の保護関税政策、また海外やロシアの農産物との競争の結果、人口の大半を占める農民は経済的に窮迫していた。農民経済の再生や工業化を試みるためには、大国の圧力を排除できる独立国家が必要であった。[56] ヨーロッパ外でも、欧米列強の植民地支配を打破し、民族自決を実現しようとする運動や分解しつつある旧型帝国の中から内部変革を目指す運動が生まれていた。イギリス帝国の支柱であったインドにおいては、国民会議派のような政治勢力が民族自決を目指す運動を展開していた。また、青年トルコ党の運動や辛亥革命のように、旧型帝国を内部から変革し、欧米列強に対抗できる国家を創出する運動も起こった。民族自決を目指す運動は、第一次世界大戦後に大きな流れとなる。

二〇世紀初頭の国際政治は、国民国家の主権の位置づけ、イギリスを基軸とする編成、さらには広く世界的な政治状況や民族運動によって深刻な問題を抱えており、大きな再編の必要に迫られていた。こうした再編はどの国によって主導されるのか、そしていかなる形態で成立するのか。イギリスのように植民地帝国を基盤に世界経済の基軸を占めることは歴史的な一時代に実現されたとしても、他の国が同じような体制を新たに築くことはほとんど不可能であった。また、たとえ「再分割」をめぐって多数の競争者が死闘を繰り広げて、イギリスと同じ地位を築いたとしても、イギリスを支えていたシステム自体が崩れつつあったのである。新時代への再編の主導者を担うことができる国はドイツと合衆国であった。この二つの国には次世代を担いうる工業生産力があった。ドイツは、すでに述べたように、ヨーロッパ全体を支配する高位工業国に成長した。一八九〇年代初めには、一連の中欧通商条約を締結し、東欧・南欧への勢力拡張を目指した。こうしたドイツの膨張に対して、イギリス、フランス、ロシアといった大国は警戒し、対抗するために様々な政治・軍事同盟を結成した。ヨーロッパの戦争が不可避の状況になった場合、これらの国の戦争目的は、いうまでもなくドイツに、その膨張能力を決定的に削減することに向けられるであろう。他方、ドイツの戦争目的は、簡単にいえば、ヨーロッパで自己の指導力を確立した上で、これまでの勢力均衡とは根本的に異なる、ヨーロッパの新しい国際秩序を創出することであった。

このドイツの戦争目的は帝国宰相ベートマン＝ホルヴェーク（Theobald von Bethmann-Hollweg）による一九一四年の「九月綱領」Septemberprogram に集約されている。[57] ここで示された方針は、状況に対応して修正されたとはいえ、戦争の終結まで原則的に堅持された。同時にこの方針には、ドイツの政界、軍部などの考えとともに、ＡＥＧ会長ラーテナウ（Walther Rathenau）をはじめとする指導的企業家層の考えが強く反映されている。当時の他の大国と比較して、ドイツは企業家層が重大な政治決定に関与する数少ない国であった。綱領は、戦争の一般的目的として、まずフランスを決定的に弱体化し、ロシアを東部へ駆逐し、従属する非ロシア系民族を解放することを挙げる。領土・鉱山資源の割譲、ドイツに対する市場開放、高額な賠償金によって、フランスから政治的・経済的に大国の地位を奪うことは、綱領全体を貫く基本線であった。九月綱領はイギリスにはとくに触れていないが、綱領の成立に大きな影響を与えたと思われる、ラーテナウの宰相に宛てた覚書では、[58] 長期戦に耐えうるイギリスに細心の注意を払うべきこと、そしてフランスとの講和を、たとえ条件を軽減しても、早期に実現し、イギリスの戦争への関与の根拠を奪うことが必要であるとしている。綱領はこの微妙な問題に立ち入ることを避けたと思われる。

こうした戦争によるヨーロッパの勢力関係の大きな変化を前提として、九月綱領が設定した中心課題は、

「中欧経済同盟」Mitteleuropäischer Wirtschaftsvebandの設立であった。「共同の関税協定の下に中欧経済同盟を設立すべきこと。この同盟にはフランス、ベルギー、オランダ、デンマーク、オーストリア＝ハンガリー、ポーランドが、ある場合にはイタリア、スウェーデンおよびノルウェーが含められる。同盟は構成上共同の最高権力者をもつことはなく、構成員は形式的には平等であるが、実質上ドイツの指導下にあり、ドイツの中欧における経済的主導権を安定的なものとする。[59]」

中欧経済同盟構想は戦争に直面して生まれたものではない。ドイツでは一九〇四年に工業、農業および商業の有力団体を集めて、「中欧経済協会」Mitteleuropäischer Wirtschaftsvereinが設立されている。[60]協会の理論的指導者ヴォルフ（Julius Wolf）に従えば、世界的規模での競争が激化している中で、最大の敵は合衆国である。その競争力は大型企業体と巨大国内市場によって支えられている。そしてこのような「アメリカの脅威」eine amerikanische Gefahrに対抗するためには、中欧諸国の「経済同盟」を創設し、広域経済圏を生み出す必要がある、と指摘した。同様な協会は、オーストリア、ハンガリーやベルギーでも設立され、中欧諸国が少しでも経済的連携を深めるよう、手段を研究し、政府への働きかけを強めた。期待された目標は関税同盟であった。しかし、各国の利害調整は困難であるだけでなく、越え難い障害として、ドイツと対立する大国フランスの存在があった。フランスとその同盟国ロシアの政治的・軍事的圧力の下では、こうした構想は実現の可能性がほとんど存在しなかった。しかしドイツでは、団体の内外を問わず、中欧経済同盟構想は、強い政治路線として第一次世界大戦まで継続した。開戦は戦争という手段による構想の実現に道を拓いた。ラーテナウやドイチェ・バンクのグヴィンナー（Arthur von Gwinner）は、ベートマン＝ホルヴェークに構想の実現を強く働きかけた。九月綱領にはこうした主張が強く反映されているのである。ラーテナウは先の覚書で、中欧経済同盟が戦争の最大目的であることを強調し、同時にこの目的が領土拡張のように世論に訴えることが強くない点を気遣っている。またグヴィンナーは「向う見ずに領土併合政策を始める」ことを憂慮していた。[61]しかし九月綱領には、ヨーロッパ内のこまごました領土割譲についての方針が述べられており、そのうえドイツのアフリカ植民地をフランスやベルギーの植民地の獲得によって拡大し、「中央アフリカ植民地帝国」ein mittelafrikanisches Kolonialreich を建設することが、重要な戦争目的に加えられている。こうした伝統的な「帝国主義的」政策は、早くから全ドイツ連盟 Alldeutscher Verband のような団体によって要求されていたものであるが、九月綱領の性格を複合的なものにしている。

アメリカ合衆国がとった戦争目的は、広く知られているように、ウィルソン大統領の一九一八年一月の議会演説における「一四カ条提案」に集約されている。[62]ウィルソン政権は、合衆国国内外の議論を踏まえて、一九一七年四月の参戦時に、開戦の主要な目的を決めていたと思われるが、一四カ条は、戦争の進行とロシアのボリシェヴィキ革命を考慮しながら、合衆国の世界政治における指導的地位を明確にし、戦後処理の基本的方法を示したものといえる。一四カ条は大きく三つの部分に分かれる。[63]第一条から第五条までは、戦後の国際政治と国際秩序の一般的なあり方、続く第六条から第一三条までは、ヨーロッパを中心とした戦後処理の細目、そして最後に第一四条で、平和の維持のための国際機関の設立を述べている。ヨーロッパを中心とする戦後処理に関しては、①ウィルソン提案の核心である民族自決の原則に従って、オーストリア＝ハンガリー帝国（第一〇条）とオスマン帝国の解体（第一二条）、ポーランドの独立（第一三条）の実現、およびベルギー、バルカン諸国の独立と領土保全（第七条、第一一条）の保障があり、②これらの目的以外の領土の分割・割譲はアルザス＝ロレーヌやトリエステなど（第八条、第九条）、最小限にとどめられている。また、具体的な指摘はないものの、③全体としてドイツの拡張や計画を阻止する意図が読みとれる。この点は現実的な評価をすれば、ロシアのボリシェヴィキ政権に対する柔軟で好意的ともとれる態度（第六条）との関連を問えるかもしれない。

戦後の国際秩序に関する最初の四カ条、すなわち秘密外交の禁止、あるいは外交の公開性（第一条）、公海の自由（第二条）、貿易の自由化、差別の廃止（第三条）、軍縮（第四条）は、新たに国際法秩序として、国家主権の権限ないしは範囲を制限・規制しようとしたものである。また第五条は、植民地一般への国際的介入を示唆している。「植民地の要求については、自由で偏見のない、完全に公平な調停を行うことです。その場合、調停は次のような原則を厳格に順守することに基づくべきです。主権に関するような、すべての問題の決定において、関係するすべての住民の利害は、決定権限をもつ政府の公正な要求と平等な重みをもつものでなければなりません。」[64] ここでは植民地の住民の要求を支配者側と平等な権利をもつものとし、植民地の独立、民族自決への道を切り拓いている。植民地帝国としてのイギリスも、この条項の例外とはなりえない。植民地の独立は、フランクリン・D・ローズヴェルト大統領（Franklin Delano Roosevelt）によって合衆国の基本政策として継承され、第二次世界大戦を通じて実現の方向に導かれた。合衆国の門戸開放、機会均等の主張は、民族自決という政策によって、確実な基盤を得ることができたのである。そして最後に、第一四条で、国際的な盟約 Covenant に基づき、「包括的な諸国民の連合」A general association of nations の結成を主張する。後に国際連盟 League of Nations と呼ばれる国際機関は、「大国に対しても小国に対しても平等に、政治的独立と領土保全を相互に保証し合う」平和の維持機関としての役割を果たす。[65] それだけではない。平和の維持機能は、最初の五カ条に示されたような、従来の国家主権の制限、植民地領有の制限にまで踏み込もうとした。ウィルソンの「一四カ条提案」は、合衆国が戦争を通じて、ヨーロッパ問題の処理を含めて、世界全体の新しい秩序をいかなる方向に導くか、合衆国の世界政策を明らかにした。帝国主義時代は、ドイツと合衆国の戦争目的に見られたように、まさに二〇世紀世界への国際秩序の転換の始まりを示すものであった。

おわりに

第Ⅰ部の終わりにあたって、第Ⅱ部への移行のために、第Ⅰ部の要点と、第Ⅱ部で対象とする問題について簡単に触れておきたい。

第Ⅰ部では、二〇世紀資本主義の基本的な要因が、一九世紀末から二〇世紀初頭にかけて出現する様相を検討した。大型企業体という、二〇世紀資本主義の発展の主要な担い手となる企業組織は、アメリカ合衆国やドイツで数多く誕生した。これら大型企業体は、合衆国やドイツで力強い経済成長を生み出し、一九世紀末大不況から脱出し、世界を新しい時代へ導く原動力になった。また旧農村社会の最終的な解体が始まり、都市人口、工業人口の増大のなか、社会改革を志向する思想が現れるとともに、ヨーロッパの社会保険制度のように社会保障システムの具体化が始まる。さらに世界システムの面でも、二〇世紀への移行を示す現象が現れた。世界経済の中心的機能が分化し、工業の中心は、いまや合衆国とドイツに移り、イギリスは金融の中心にとどまるものの、基軸としての地位は弱まりつつあった。そして既存の国際秩序はもはやイギリスの手によっては維持困難になり、合衆国、ドイツのような新興勢力は自身が望む新しい国際秩序を要求するようになった。

第Ⅱ部では、戦間期（一九一四〜五〇年）を対象とする。この時期は、二〇世紀資本主義の構築期である。第Ⅰ部で明らかにした企業組織、国家機能、世界システムの変化は、この時期に、それぞれの要因が支配領域を広げ、より明確な方向と形態をとるようになった。しかもこれらの要因は最終的に接合して、二〇世紀資本主義という一つのシステムを構築するにいたる。すなわち、大型企業体は経済構造全体を支配するようになり、また国民国家は雇用と社会保障の管理機能を担うようになり、さらに合衆国基軸の世界システムが、国民諸国家の自律性とその一定の制約を前提としながら、またソヴィエト連邦を中心とした社会主義圏の反発を内包しながら、成立した。戦間期は二つの世界戦争、長期の世界大不況を含む激動の時代であった。新しいシステムの構築には合衆国の主導性が明瞭であるが、世界の各国、各地域も新しい進路を見出そうとして苦闘した。第Ⅱ部では、各国・各地域の特徴に注目しながら、こうした問題を、第一次世界大戦とその諸結果、一九二〇年代の相対的安定期、一九三〇年代の大不況、および第二次世界大戦と平和経済への移行、という四つの時期に分けて考察したい。第二次世界大戦後のいわゆる「資本主義の黄金時代」は、第Ⅲ部「二〇世紀資本主義の成熟」の課題であり、一九七三年に始まる二〇世紀資本主義の最終局面、あるいは「再編」については第Ⅳ部の課題になる。

《著者略歴》

藤瀬《ふじせ》 浩司《ひろし》

1933年　広島市に生まれる
1961年　東京大学大学院社会科学研究科博士課程単位取得退学
名古屋大学経済学部教授，愛知淑徳大学現代社会学部教授などを経て
現　在　名古屋大学名誉教授，経済学博士
著　書　『近代ドイツ農業の形成』（御茶の水書房，1967年）
『資本主義世界の成立』（ミネルヴァ書房，1980年）
『国際金本位制と中央銀行政策』（共編著，名古屋大学出版会，1987年）
『世界大不況と国際連盟』（編著，名古屋大学出版会，1994年）
『欧米経済史』（放送大学教育振興会，1999年，改訂新版2004年）ほか

20世紀資本主義の歴史 I

2012年9月10日　初版第1刷発行

定価はカバーに
表示しています

著　者　藤　瀬　浩　司

発行者　石　井　三　記

発行所　一般財団法人　名古屋大学出版会

〒464-0814　名古屋市千種区不老町1 名古屋大学構内
電話(052)781-5027/FAX(052)781-0697

Printed in Japan

印刷・製本 ㈱太洋社
ISBN978-4-8158-0704-7

乱丁・落丁はお取替えいたします。

索　引

ア　行

カ　行

サ　行

タ　行

ナ　行

ハ　行

マ　行

ヤ　行

ラ・ワ行

注

序章　20 世紀資本主義の歴史をどのように理解するか

（1）20 世紀資本主義という言葉は 20 世紀に誕生した，固有の性格をもつ資本主義システムを指している。それは，大型企業体という企業組織を推進力としながら，強力な社会的経済的機能をもつ国家とアメリカ合衆国を基軸とする世界システムという構成をもつ資本主義である。その成熟した段階は 20 世紀の第 3 四半期にあるが，この資本主義の出現から終焉までの時期はほぼ 20 世紀全体に広がっている。20 世紀初頭，新しいタイプの資本主義システムが出現した当時，マルクス主義の側から，金融資本，組織資本主義あるいは独占資本主義といった概念が提示された。しかし 20 世紀の歴史が示すように，こうした概念は，20 世紀資本主義の一面については妥当しても，全体的な構造とその展開を示すには不十分であった。現代的に 20 世紀資本主義を一つのシステムとして理解しようとする試みは，かなり広く見られる。例えばフランスのレギュラシオン学派は，20 世紀資本主義という語を一般的に使用してはいないが，こうした試みの一つである。レギュラシオン学派は，1970 年代以降，フランスの官庁経済学者の中に生まれた。それはケインズ的政策の限界を超えようとした試みの中の一つということができる。総需要面だけでなく，供給面をも重視する視点は，マルクスの蓄積概念を援用して，フォーディズムという蓄積体制を導入する。大型企業体に向けられた視点は貴重であるが，蓄積体制は，「賃労働関係」についての制度・政策の設定という「調整」に力点を置いている。大型企業体は 19 世紀末の歴史過程の中で生成し，20 世紀を通じて経済成長の推進力であった。フォーディズムを基礎とする「生産性原理」のような「調整」が成長促進的に作用したことは確かであるが，事後的に設定されたに過ぎない。すぐれて経済政策学的であって，経済過程の自律的な構造や運動への視点が弱いように思われる。橋本寿朗／工藤章編著『20 世紀資本主義』Ⅰ・Ⅱは，多くの研究者を集めて，生産技術，企業システム，労使関係，世界システムまで多面的に分析したもので，それぞれ興味深い。しかしそれらがどのように接合されて，20 世紀資本主義という一つのシステムとして成立するのか，明らかになっていない。宇野弘蔵氏の研究系列に属する研究者が多く，特に第Ⅱ巻で宇野理論と 20 世紀資本主義とを理論的に結びつけようとする試みが強く見られる。宇野理論に忠実に，20 世紀について「支配資本」を金融資本とする考えとそれを否定する考えとに分かれているが，双方とも説得的

な説明に成功しているとはいえない。権上康男を中心とする研究グループは，コルポラティスムスの面から20世紀資本主義を検討した。20世紀資本主義における国家機能の拡大は，政治的組織化を必至化した。20世紀資本主義理解にはこうした組織化の実態把握が不可欠である。研究成果をまとめた著書は，「『組織化』とは『自由』を前提にしてはじめて実質をもちうる概念なのである」（「まえがき」）と注意している。組織化は，資本主義の基本条件を阻害するものではなく，同時代の環境の中で，市場の自由，企業活動の自由を守り，むしろ強化した点を忘れてはならないであろう。これと連関して，パーソンズの社会理論を基礎に，19世紀の階級社会から20世紀のシステム社会への転化を指摘する山之内靖の所説が注目される。以下，この注で述べた研究に関する文献を挙げる。レギュラシオン学派については，我が国にも多くの研究が紹介されているが，少数にとどめる。山田鋭夫『20世紀資本主義――レギュラシオンで読む』有斐閣，1994年；ロベール・ボワイエ『レギュラシオン理論――危機に挑む経済学』山田鋭夫訳，新評論，1989年［Robert Boyer, *La Théorie de la Régulation : Une analyse critique*, Paris, 1986］；ミシェル・アグリエッタ『資本主義のレギュラシオン理論――政治経済学の革新』若森章孝他訳，大村書店，1989年［Michel Aglietta, *Régulation et Crises du Capitalisme : L'expérience des Etats-Unis*, Paris, 1976］；橋本寿朗編『20世紀資本主義Ⅰ　技術革新と生産システム』東京大学出版会，1995年；工藤章編『20世紀資本主義Ⅱ　覇権の変容と福祉国家』東京大学出版会，1995年；権上康男／広田明／大森弘喜編『20世紀資本主義の生成――自由と組織化』東京大学出版会，1996年；山之内靖『日本の社会科学とヴェーバー体験』筑摩書房，1999年，第1章を参照。

（2）ここでシステムとは，関係し合う社会的要素の集合であって，統一的に統合され，全体として運動することをいう。一つのシステムは，独特な構造をもつ下位システムをもつ。「システム論」『岩波哲学・思想事典』1998年を参照。本書で扱う企業組織，国民国家，および世界システムは，それぞれ，ある次元の基軸として，あるいは独立の要因として，経済・社会・政治関係を編成していくが，これら3つはある時点で統合・接合され，一つのシステムとして成立する。

（3）チャンドラーによって，20世紀企業組織研究は大きく前進した。本書の視点からは，大型企業体と労使関係，マクロ経済的関連，あるいはまた社会政治的側面を補う必要があるが，これらはまず最初に第Ⅰ部第2章で検討する。Alfred D. Chandler, Jr., *The Visible Hand : The Managerial Revolution in American Business*, Cambridge, MA and London, 1977［アルフレッド・D・チャンドラー Jr.『経営者の時代――アメリカ産業における近代企業の成立』上・下，鳥羽欽一郎／小林袈裟治訳，東洋経済新報社，1979年］; do., *Scale and Scope : The Dynamics of Industrial Capitalism*, Cambridge, MA, 1990［同『スケール・アンド・スコープ――経営力発展の国際比較』安部悦生他訳，有斐閣，1993年］.

（4）ウォラーステインは資本主義を国民国家と世界経済の両面をもつものと把握した。本書にとって基本的に重要な観点である。資本主義においては，経済過程は一国内から世界経済につながり，基本的に独立した過程である。国民国家は経済制度や経済政策によって経済過程に規制を加え，世界経済に影響を与えようとする。世界の国民国家は，覇権国家を頂点として，国際的な階層構成内に位置づけられる。その位置は，基本的に世界経済内において国民国家が占める機能・規模によって定まる。このように対応する世界経済の構造と国際的政治編成の両面をその時代の世界システムとすることができよう。世界システムは，一時代の資本主義を集約的に表現するといえる。Immanuel Wallerstein, *The Modern World-System, I : Capitalist Agriculture and the Origins of the European World-Economy in the Sixteenth Century*, San Diego, 1974 ［I・ウォーラーステイン『近代世界システム――農業資本主義と「ヨーロッパ世界経済」の成立』Ⅰ・Ⅱ，川北稔訳，岩波現代選書，1981 年］; *II : Mercantilism and the Consolidation of the European World-Economy, 1600-1750*, New York, 1980 ［同『近代世界システム　1600-1750――重商主義と「ヨーロッパ世界経済」の凝集』川北稔訳，名古屋大学出版会，1993 年］; *III : The Second Era of Great Expansion of the Capitalist World-Economy, 1730-1840s*, San Diego, 1989 ［同『近代世界システム　1730-1840s――大西洋革命の時代』川北稔訳，名古屋大学出版会，1997 年］; do., *The Capitalist World-Economy : Essays*, Cambridge, MA, 1979 ［同『資本主義世界経済』Ⅰ：藤瀬浩司他訳，Ⅱ：日南田静真監訳，名古屋大学出版会，1987 年］を参照。

（5）このような局面交替とその性格づけはもっぱら経験的に導き出されている。しかしなぜこうしたことが起こるかについて，大筋の説明は可能であろう。それは，資本主義の一つのタイプを生み出す，企業組織，技術体系，および制度設定の結合の仕方とその交代に基づいている。技術や制度は経済過程と深い相互関係をもつが，経済過程が直接に生み出すものではない。技術体系の革新はそれ自体独立の過程であり，制度設定には社会的な合意，意思決定を必要とする。そこには偶然性の要素，多様な選択の可能性，それぞれの社会がもつ伝統や環境が作用している。新しいタイプの資本主義が局面交替をどのように経過するか見てみよう。第 1 局面では，最初の技術開発と結びついた企業組織（工場，大型企業体）が，限られた産業部門に生まれる。既存の制度や社会環境を前提としながら，大きな成長力を発揮する。第 2 局面は，こうした企業組織が発展し，多くの産業部門に広がるとともに，経済全体に連関する，市場，労働，金融秩序，そしてまた国際関係の制度的・政策的見直しが課題となる。第 3 局面は，企業組織，技術体系，および国内的・国際的な制度と政策方向が結びつき，強力な成長力が発揮される。この局面で，一つのタイプの資本主義システムが完成される（イギリスの平和，アメリカの平和）。しかし第 4 局面では，これまでの企業組織，技術体系，制度はそれぞれ限界を示し，次第に成長力を減退させる。しかし古い成長モデルから

の脱却は容易ではない。新しい技術体系が成熟した旧体系に代わるためには，長い時間と大きなコストを要し，労働問題や社会問題を引き起こす。また制度や政策方向に関しては，なによりも，従来のそれらと固く結びついた既得権益が問題となる。新しい企業集団や政治集団は古い制度や利害集団と対決し，新しい制度と政策の道を切り拓かねばならない。

（6）シュンペーターの「経済発展」，あるいは「創造的破壊」，「革新」という概念は，資本主義の動態理解にとって，貴重な手段を提供している。局面交替を伴う長期波動は，こうした「経済発展」の姿を反映している。ただ，革新における企業家行動の重要性は否定しないが，社会的政治的合意を必要とする制度設定，政策が果たす基幹的役割に留意する必要があること，従ってまた長期波動をチキンやジュグラーと並べて景気循環の一形態と整理し，純粋な経済現象としての「循環」の概念に含めることは難しい。むしろ構造転換，段階の移行というような質的発展を考えるべきであろう。さらに長期波動に 50-60 年の「周期」を想定することは，始期・終期の確定，波長の差の大きさなどの点で困難であり，理論的根拠づけはさらに困難と思われる。長期波動に関しては，コンドラティエフ，シュピートホフ，シュンペーターをまず参照すべきであろう。N. D. Kondratieff, Die langen Wellen der Konjunktur, *Archiv für Sozialwissenschaft und Sozialpolitik*, Bd. 56 (1926) ; Arthur Spiethoff, *Die wirtschaftlichen Wechsellagen : Aufschwung, Krise, Stockung*, mit einer Einleitung von Edgar Salin, 2Bde., Tubingen und Zürich 1955 ; Joseph A. Schumpeter, *Theorie der wirtschaftlichen Entwicklung*, 1. Aufl., Berlin 1911, 4. Aufl, München 1934 [J・A・シュムペーター『経済発展の理論』塩野谷祐一／東畑精一訳，岩波文庫，1977] ; do., *Konjunturzyklen : Eine theoretische, historische und statistische Analyse des kapitalistischen Prozesses*, 2Bde., Göttingen 1961 ; do., *Business Cycles : Theoretical, Historical, and Statistical Analysis of the Capitalist Process*, 2 vols., New York, 1939 [同『景気循環論――資本主義過程の理論的・歴史的・統計的分析』Ⅰ-Ⅴ，吉田昇三監修，金融経済研究所訳，有斐閣，1969 年].

（7）マディソンは，膨大な歴史統計の整理を数多くの著作に発表している。ここでは次の 2 点のみを挙げておく。Angus Maddison, *The World Economy in the 20th Century*, OECD, Paris, 1989 [アンガス・マディソン『20 世紀の世界経済』金森久雄監訳，東洋経済新報社，1990 年] ; do., *Monitoring the World Economy 1820-1992*, OECD, Paris, 1995 [同『世界経済の成長史　1820～1992 年』金森久雄監訳，政治経済研究所訳，東洋経済新報社，2000 年] ; do., *The World Economy : A Millennial Perspective*, OECD, Paris, 2001 [同『経済統計でみる世界経済 2000 年史』金森久雄監訳，政治経済研究所訳，柏書房，2004 年].

第I部第1章　20世紀資本主義のブレイクスルー

（1）H. L. Beales, The "Great Depression" in Industry and Trade, *Economic History Review*, Vol. V（1934–1935）. 19世紀末大不況については，存在を否定する見解として，S. B. Saul, *The Myth of the Great Depression 1873–1896*, London, 1969. 同時期を世界的な資本主義の構造転換と捉える見解としては，藤瀬浩司『資本主義世界の成立』ミネルヴァ書房，1980年，第3章；吉岡昭彦『近代イギリス経済史』岩波全書，1981年，第5章を参照。

（2）H. L. Beales, The "Great Depression" in Industry and Trade, p. 75.

（3）B. R. Mitchell, *Abstract of British Historical Statistics*, Cambridge, 1962, pp. 472–473, 455.

（4）Arthur Spiethoff, *Die wirtschaftlichen Wechsellagen : Aufschwung, Krise, Stockung*, Bd. 1 : Erklärende Beschreibung, Tübingen und Zürich 1955, SS. 123–130.

（5）Angus Maddison, *Monitoring the World Economy 1820–1992*, OECD, Paris, 1995. マディソンの提示している「先進資本主義17カ国GDP水準」（*Ibid.*, Table C–16a, pp. 180–183）に従って，1850–1873年の平均経済成長率を推計すると，イギリス，フランス，ドイツ，アメリカの順で，2.7，1.0，2.6，5.1となる。

（6）A. Spiethoff, *Die wirtschaftlichen Wechsellagen*, SS. 130–139.

（7）*Idid.*, S. 137.

第I部第2章　大型企業体の生成

（1）ここで改めてチャンドラーの関連する主要な著書および編著を挙げておく。Alfred D. Chandler, Jr., *The Visible Hand : The Managerial Revolution in American Business*, Cambridge, MA and London, 1977［アルフレッド・D・チャンドラーJr.『経営者の時代——アメリカ産業における近代企業の成立』上・下，鳥羽欽一郎／小林袈裟治訳，東洋経済新報社，1979年］; do., *Scale and Scope : The Dynamics of Industrial Capitalism*, Cambridge, MA, 1990［同『スケール・アンド・スコープ——経営力発展の国際比較』安部悦生他訳，有斐閣，1993年］; do. et al. (eds.), *Big Business and the Wealth of Nations*, Cambridge and New York, 1997.

（2）ユルゲン・コッカ「教育と社会的不平等——19世紀と20世紀初頭における職員層の成立と分化」『工業化・組織化・官僚制——近代ドイツの企業と社会』加来祥男編訳，名古屋大学出版会，1992年，73–103ページ［邦訳には，Jurgen Kocka, Organisierter Kapitalismus in Kaiserreich?, *Historische Zeitschrift*, Bd. 230（1980）を含め7論文を収録］；高橋秀行『近代ドイツ工業政策史——19世紀プロイセン工業育成振興政策とP. C. W. ボイト』有斐閣，1986年，75–113ページ。

（3）イギリス株式会社法の成立については，荒井政治『イギリス近代企業成立史』東

洋経済新報社，1959 年；藤瀬浩司『資本主義世界の成立』ミネルヴァ書房，1980 年，83-87 ページ；吉岡昭彦『近代イギリス経済史』岩波全書，1981 年，109-112 ページ；B. C. Hunt, *The Development of the Business Corporation in England 1800-1867*, Cambridge, MA, 1936；H. A. Shannon, The Coming of General Limited Liability, *Economic History Review*, 11/6（1931）を参照。

（4）株式会社など，法人企業の成立史に関する概観および文献については，例えば，次を参照。Naomi R. Lamoreaux, The Firm after 1800, in：Joel Mokyr（ed.），*The Oxford Encyclopedia of Economic History*, Vol. 2, Oxford, 2003, pp. 318-324.

（5）A. D. Chandler, Jr., *The Visible Hand*, Part II, Chap. 3［チャンドラー Jr.『経営者の時代』上，第 3 章「鉄道――最初の近代的企業（1850 年代～1860 年代）」］を参照。

（6）David A. Hounshell, *From the American System to Mass Production 1800-1932: The Development of Manufacturing Technology in the United States*, Baltimore, 1984［デーヴィッド・A・ハウンシェル『アメリカン・システムから大量生産へ　1800～1932』和田一夫他訳，名古屋大学出版会，1998 年］を参照。

（7）H. J. Habakkuk, *American and British Technology in the Ninteeenth Century : The Search for Labour-Saving Inventions*, Cambridge, 1962 を参照。

（8）以下の産業別の企業組織，技術等の考察に当たっては，ごく限定された文献のみを注記する。当該の問題の概観や文献に関して，チャンドラーの諸研究や *The Oxford Encyclopedia of Economic History* の各産業に関する諸項目, D. S. Landes, *The Unbound Prometheus : Technological Change, and Industrial Development in Western Europe from 1750 to the Present*, Cambridge, 1969［D・S・ランデス『西ヨーロッパ工業史――産業革命とその後　1790-1968』I・II，石坂昭雄／富岡庄一訳，みすず書房，1980 年］; David Mowery and Nathan Rosenberg, Twentieth-Century Technological Change, in：Stanley L. Engerman and Robert E. Gallman（eds.），*The Cambridge Economic History of the United States*, Vol. III：The Twentieth Century, Cambridge, 2000 は有用である。

（9）中沢護人『ヨーロッパ鋼の世紀――近代溶鋼技術の誕生と発展』東洋経済新報社，1987 年。

（10）1870 年代初めに，パドル炉では 1 日 12 回の装入で 2.5-3.0 トンの錬鉄を生産したが，ベッセマー 5 トン転炉は 12-13 回の装入で 60 トン以上を生産した。しかも大量製鋼法では，従来のようにパドル工のような熟練工を必要とせず，技師の指揮下の労働者チームによる作業に変わった。

（11）アメリカの製鉄業については，W. T. Hogan, *Economic History of the Iron and Steel Industry in the United States*, Vol. 1 and 2, Lexington, 1971 を参照。

（12）ドイツ製鉄業については，E. Hübener, *Die deutsche Eisenindustrie : Ihre Grundlagen, ihre Organisation und ihre Politik*, Leipzig 1913；大野英二『ドイツ金融資本成立史論』有斐閣，1956 年；藤瀬浩司「19 世紀末『大不況』下におけるドイツ製鉄資

本の蓄積条件と政策」『調査と資料』56号（1975年）を参照。

（13） L. F. Haber, *The Chemical Industry during the Nineteenth Century : A Study of the Economic Aspect of Applied Chemistry in Europe and North America*, Oxford, 1958 ; do., *The Chemical Industry 1900-1930 : International Growth and Technological Change*, Oxford, 1971 ; 加来祥男『ドイツ化学工業史序説』ミネルヴァ書房，1986年，207ページ。

（14） 電器，自動車については，前掲のチャンドラー Jr.『経営者の時代』；同『スケール・アンド・スコープ』；ハウンシェル『アメリカン・システムから大量生産へ』；D. Mowery and N. Rosenberg, Twentieth-Century Technological Change, pp. 880ff. とともに，次を参照。T. P. Hughes, *Networks of Power : Electrification in Western Society*, 1880-1930, Baltimore, 1983 ; 小林袈裟治『GE——典型的世界企業の形成と発展』東洋経済新報社，1970年；Ray Batchelor, *Henry Ford*, Manchester, 1994 [R・バチェラー『Henry Ford　フォーディズム——大量生産と20世紀の産業・文化』楠井敏朗／大橋陽訳，日本経済評論社，1998年].

（15） Alfred D. Chandler, Jr., *Giant Enterprise : Ford, General Mortors, and the Automobile Industry*, New York, 1964 [A・D・チャンドラー Jr.『競争の戦略——GMとフォード——栄光への足跡』内田忠夫／風間禎三郎訳，ダイヤモンド社，1970年]；ハウンシェル『アメリカン・システムから大量生産へ』；和田一夫『ものづくりの寓話——フォードからトヨタへ』名古屋大学出版会，2009年。フォード・システムに関する研究史とその問題点については，和田一夫，同上書，第1章に詳しい。

（16） 以下の数字については，和田一夫，同上書，54および35ページを参照。

（17） George Thomas Kurian, *Datapedia of the United States 1790-2000 : American Year by Year*, Lanham, MD, 1994, pp. 224-225.

（18） チャンドラー Jr.『スケープ・アンド・スコープ』付表A1，551-556ページ。

（19） B. R. Mitchell (ed.), *International Historical Statistics : Europe 1750-2000*, 5th ed., Basingstoke, 2003, pp. 562-563 ; U. S. Department of Commerce, Bureau of the Census, *Historical Statistics of the United States, Colonial Times to 1970*, Part 2, Washington, D. C., 1975, pp. 820-821.

（20） Henry Ford, "Mass Production", *Encyclopaedia Britannica*, 1926, quoted in : D. A. Hounshell, *From the American System to Mass Production 1800-1932*, p. 217 [ハウンシェル『アメリカン・システムから大量生産へ』276ページ（一部訳修正)].

（21） テイラー・システムは，フォード・システムとともに，それまでの労使関係の変革に導いたことは，多くの文献が指摘している。例えばハウンシェル同上書や下記，木下順の著書を参照されたい。20世紀アメリカの企業内労働編成については，小池和男『職場の労働組合と参加——労使関係の日米比較』東洋経済新報社，1977年；木下順『アメリカ技能養成と労使関係——メカニックからマンパ

ワーへ』ミネルヴァ書房，2000 年；Claudia Goldin, Labor Markets in the Twentieth Century, in : S. L. Engermann and R. E. Gallmann (eds.), *The Cambridge Economic History of the United States*, Vol. III, Cambridge, 2000, pp. 549-623 ; Christopher L. Tomlins, Labor Law, in : *ibid.*, pp. 625-691 が貴重である。

(22) アメリカにおける研究史については，Andrea Tone, *The Business Benevolence : Industrial Paternalism in Progressive America*, Ithaca, NY, 1997, pp. 1-16 ; Sanford M. Jacoby, *Modern Manors : Welfare Capitalism since the New Deal*, Princeton, NJ, 1997 [S・M・ジャコービィ『会社荘園制——アメリカ型ウェルフェア・キャピタリズムの軌跡』内田一秀他訳，北海道大学図書刊行会，1999 年]を参照。

(23) A. Tone, *The Business Benevolence*, pp. 53-61.

(24) *Ibid.*, pp. 66-68.

(25) 大野英二『ドイツ資本主義論』未来社，1965 年，405 ページを参照。大野はドイツ帝政の社会構成との連関で，これを支える資本類型を，この観念に基づく労使関係とともに，「前期的」あるいは「家父長的」と特徴づけた。これに対して，野村正実は『ドイツ労資関係史論——ルール炭鉱業における国家・資本家・労働者』御茶の水書房，1980 年，29-36，147-175 ページで，1860 年代の自由主義的改革によって，個別的雇用契約の自由が確立しており，ただ労資協議制の成立（炭鉱業では 1889 年）までは，ヘル・イム・ハウゼ的労資関係が存在した。そして，こうした関係が解体し始めた後にも，経営者はヘル・イム・ハウゼ的観点をもち続けた，としている。なお，藤瀬浩司『資本主義世界の成立』126，199-200 ページを参照。

(26) チャンドラー Jr.『スケール・アンド・スコープ』68-72 ページを参照。

(27) 例えば同上書，428-429 ページを参照されたい。

(28) U. S. Department of Commerce, Bureau of the Census, *Historical Statistics of the United States, Colonial Times to 1970*, Part 2, pp. 675-680.

(29) チャンドラー Jr.『スケール・アンド・スコープ』57-64 ページを参照。

(30) 岡田与好『独占と営業の自由——ひとつの論争的研究』木鐸社，1975 年；同『経済的自由主義——資本主義と自由』東京大学出版会，1987 年を参照。

(31) アメリカの独占形成と法的規制については，数多くの研究があるが，ここでは次のものだけを指摘しておく。鈴木圭介編『アメリカ経済史 II　1860 年代-1920 年代』東京大学出版会，1988 年，第 2 章；Louis Galambos, The U. S. Corporate Economy in the Twentieth Century, in : S. L. Engerman and E. Gallman (eds.), *The Cambridge Economic History of the United States*, Vol. III, pp. 927-967 ; Richard H. K. Vietor, Government Regulation of Business, in : *ibid.*, pp. 969-1012.

(32) R. H. K. Vietor, *ibid.*, pp. 972-973.

(33) ドイツの独占形成については，ここでは大野英二『ドイツ金融資本成立史論』有斐閣，1956 年；同『ドイツ資本主義論』；戸原四郎『ドイツ金融資本の成立過

程』東京大学出版会，1960 年を挙げておく。

(34) ヒルファディング『金融資本論』中巻，岡崎次郎訳，岩波文庫，1955 年，97 ページ；レーニン『帝国主義論』堀江邑一訳，国民文庫，1953 年，64 ページ以下。

(35) ドイツの信用銀行による産業金融については多くの研究があるが，さしあたり次のものを指摘しておく。Otto Jeidels, *Das Verhältnis der deutschen Grossbanken zur Industrie mit besonderer Berücksichtigung der Eisenindustrie*, Leipzig 1905 [O・ヤイデルス『ドイツ大銀行の産業支配』長坂聡訳，勁草書房，1984 年]；居城弘『ドイツ金融史研究——ドイツ型金融システムとライヒスバンク』ミネルヴァ書房，2001 年；大野英二『ドイツ金融資本成立史論』；戸原四郎『ドイツ金融資本の成立過程』。

第 I 部第 3 章　階級社会の解体と国家の社会的機能

(1) 1851 年に連合王国の「町」town と表示されている人口は，457 万であり，ロンドンの人口を加えると，706 万であった。このうち 2 万未満の町を除くと，690 万となる。同年の連合王国の人口は 2,734 万の 25 % にあたる。同じように，1871 年について見ると，約 31 % となる。B. R. Mitchell, *Abstract of British Historical Statistics*, Cambridge, 1962, pp. 6–27.

(2) 農業の週賃金指数（1891 年＝100）は 1848–50 年平均 72 に対して 1870–72 年の平均は 104 であり，約 45 % の上昇を示している。B. R. Mitchell, *ibid.*, pp. 348–351.

(3) 森建資『雇用関係の生成——イギリス労働政策史序説』木鐸社，1988 年；大沢真理『イギリス社会政策史——救貧法と福祉国家』東京大学出版会，1986 年，第 3 章「新救貧法の確立」99 ページ以下を参照。

(4) 藤瀬浩司「ドイツ産業資本の確立と上からの革命」岡田与好編『近代革命の研究』下，東京大学出版会，1973 年，81-143 ページ。

(5) 以下の数字は P. Bairoch (ed.), *La Population active et sa structure＝The Working Population and its Structure*, Bruxelles, 1968 の当該国の個所を参照。

(6) ドイツの農村離脱 Landflucht および農業離脱については，藤瀬浩司「十九世紀ドイツにおける労働力の農業離脱」高橋幸八郎編『産業革命の研究』岩波書店，1965 年，398–451 ページを参照。

(7) 以下の数字は，B. R. Mitchell, *Abstract of British Historical Statistics*, pp. 20–27 ; Statistisches Bundesamt, *Bevölkerung und Wirtschaft 1872–1972*, Stuttgart 1972, SS. 92–94 ; U. S. Department of Commerce, Bureau of the Census, *Historical Statistics of the United States, Colonial Times to 1970*, Part 1, Washington, D. C., 1975, pp. 11–12 による。

(8) イギリスの社会問題と都市改革の概観は，村岡健次／木畑洋一編『イギリス史 3

近現代』山川出版社，1991 年，188-199 ページを見られたい。

（9）北住炯一『近代ドイツ官僚国家と自治——社会国家への道』成文堂，1990 年，第 2 章，198-235 ページを参照。

（10）森宜人『ドイツ近代都市社会経済史』日本経済評論社，2009 年；同「ヴィルヘルム期ドイツにおける都市失業保険——大ベルリン連合を事例として」『社会経済史学』Vol. 77，No. 1（2011 年）；同「『社会都市』における失業保険の展開——第二帝政期ドイツを事例として」『歴史と経済』211（2011 年）を参照。

（11）有賀貞他編『アメリカ史 2　1877-1992』山川出版社，1993 年，35-62 ページ。

（12）フェビアン社会主義については，例えば名古忠行『フェビアン協会の研究——イギリスの政治文化と社会主義』法律文化社，1987 年を参照。

（13）Sydney Webb, Twentieth Century Politics, in : do. and The Fabian Society, *The Basis and Policy of Socialism*, London, 1908, pp. 74-75.

（14）国民的効率については，G. R. Searle, *The Quest for National Efficiency : A Study in British, Politics and Political Thought, 1899-1914*, 2nd ed., London, 1990 を参照。国民的効率にしろ，国民的最低限にしろ，同時代のイギリスで広く議論された問題であった。もちろんその中でフェビアン協会が果たした役割は大きかった。

（15）G. Schmoller, Rede zur Eröffnung der Besprechung über die Soziale Frage in Eisenach, den 6. Oktober 1872, in : do., *Zur Sozial- und Gewerbepolitik der Gegenwart : Reden und Aufsätze*, Lipzig 1890, S. 5. 社会政策学会に関しては，さしあたり次を参照されたい。大河内一男『独逸社会政策思想史』上・下，日本評論社，1949 年；G. Schmoller, *20 Jahre deutscher Politik*, München und Leipzig 1920 ; Albert Müssiggang, *Die soziale Frage in der historischen Schule der deutschen Nationalökonomie*, Tübingen 1968.

（16）Adolf Held, Der volkswirtschaftliche Kongress und der Verein für Socialpolitik, *Jahrbuch für Gesetzgebung, Verwaltung und Volkswirtschaft im Deutschen Reich*, Jg. 1 (1877), S. 164.

（17）ゾンバルト（Werner Sombart），マックス・ウェーバー（Max Weber），シュピートホフ（Artur Spiethoff）らに代表される「最新の歴史学派」die jüngste historische Schule der Nationalökonomie については，ここでは言及を控える。この世代においては，政策から離れて，社会科学の方法や理論体系に関心が移っていくが，経済学の本流との接続に成功せず，影響力を次第に失っていく。

（18）ヴェブレン，コモンズらの旧制度経済学については，例えば，Malcolm Rutherford and W. J. Samuels (eds.), *Classics in Institutional Economics : The Fouders 1890-1945*, Vol. I, London, 1997 における解説（Introduction）と同書（Ⅰ-Ⅲ巻）に収録された原著（抜粋が多いが）を，日本の研究では，佐々木晃『ソースタイン・ヴェブレン——制度主義の再評価』ミネルヴァ書房，1998 年；田中敏弘編著『アメリカ人の経済思想——その歴史的展開』日本経済評論社，1999 年；

佐々野謙治『アメリカ制度学派研究序説——ヴェブレンとミッチェル，コモンズ』創言社，1982 年を参照されたい。

(19) John R. Commons, *Legal Foundations of Capitalism*, Madison, 1924 ; 高哲男「コモンズの経済思想とニューディール」田中敏弘編著『アメリカ人の経済思想』163-183 ページ。

(20) Gøsta Esping-Andersen, *The Three Worlds of Welfare Capitalism*, Princeton, NJ, 1990 [G・エスピン-アンデルセン『福祉資本主義の三つの世界——比較福祉国家の理論と動態』岡沢憲芙／宮本太郎監訳，ミネルヴァ書房，2001 年]. こうしたエスピン-アンデルセンに対して，20 世紀の社会権の展開を，市民権 Citizenship の歴史的発展に位置づけるT・H・マーシャルがむしろ理解しやすい。T・H・マーシャル／トム・ボットモア『シティズンシップと社会的階級——近現代を総括するマニフェスト』岩崎信彦／中村健吾訳，法律文化社，1993 年を参照。20 世紀国家において，所得再分配が進み，「機会平等」から「結果平等」への傾斜が見られた。しかしこうした傾向は社会主義への妥協または傾斜を示すものというより，20 世紀における企業の存立や発展の基礎条件の設定に関連したものであったことに留意する必要がある。なお福祉国家概念については，Peter Flora and Arnold J. Heidenheimer (eds.), *The Development of Welfare States in Europe and America*, New Brunswick, NJ and London, 1981 の Introduction と Part 1 : What is the Welfare State? を参照。

(21) フランスでも社会保障の導入が日程に上っている。ゆっくりとはいえ，都市化や工業化が進むとともに，ドイツや他のヨーロッパ諸国の影響もあった。「社会的連帯」のスローガンの下に，労働災害について使用者無過失責任を定める法律 (1898 年)，医療，老齢・障害，児童についての公的扶助の法律 (1893 年，1905 年，1904 年) が，1910 年には退職年金法が制定された。しかし国家の「強制原則」を初めて導入した最後の法律も，農業団体，共済組合，労働組合などが反対するなか，裁判所の判決により，強制原則は事実上否定され，実効性を弱めた。大型企業体はかなりの場合自身で社会保障措置を導入している場合があったが，全体として見ると，フランスはドイツやイギリスなどに比して社会保障システムの導入が遅れていた。田端博邦「フランスにおける社会保障制度の成立過程」東京大学社会科学研究所編『福祉国家 2　福祉国家の展開 [1]』東京大学出版会，1985 年，113-168 ページ；大森弘喜『フランス鉄鋼業史——大不況からベル＝エポックまで』ミネルヴァ書房，1996 年，181-194 ページ。

(22) 例えば Alvin Graden, *Geschichte der Sozialpolitik in Deutschland*, Wiesbaden 1974, SS. 48-78 ; Hans-Peter Ullmann, German Industry and Bismarck's Social Security System, in : W. J. Mommsen (ed.), *The Emergence of Welfare State in Britain and Germany, 1850-1950*, London, 1981, pp. 133-149 ; 藤瀬浩司「ドイツにおける社会国家の成立」岡田与好編『現代国家の歴史的源流』東京大学出版会，1982 年，320-327 ペ

ージ；福澤直樹「ドイツにおける社会国家への途」『歴史と経済』195 号（2007 年），1-12 ページ。

（23）1911 年のライヒ保険法の成立過程については，福澤直樹「世紀転換期におけるドイツ労働者保険法の改革論議」『経済科学』第 44 巻第 4 号（1997 年）；A. Graden, *Geschichte der Sozialpolitik in Dentschland*, SS. 82-88 を参照。

（24）注(10)を参照。

（25）この時期のイギリス政治過程については，吉岡昭彦『近代イギリス経済史』岩波全書，1981 年を参照。またイギリス国民保険法の成立に関しては，Peter Hennock, The Origins of British National Insurance and the German Precedent 1880-1914, in : W. J. Mommsen（ed.）, *The Emergence of Welfare State in Britain and Germany*, pp. 84-106；岡田与好「『福祉国家』理念の形成」東京大学社会科学研究所編『福祉国家 1　福祉国家の形成』東京大学出版会，1984 年，31-86 ページ；武田文祥「社会保険と福祉国家——1911 年イギリス国民保険法の成立と展開」同上書，87-142 ページ；大沢真理『イギリス社会政策史——救貧法と福祉国家』；毛利健三『イギリス福祉国家の研究——社会保障発達の諸画期』東京大学出版会，1990 年，第 2 章；四谷英理子「1911 年イギリス国民保険法成立過程におけるロイド・ジョージの『強制された自助』の理念——『自助』と社会保険との架橋を目指して」『歴史と経済』213 号（2011 年）を参照。国民保険法成立に関する研究史については，四谷論文に詳しい。

（26）Roy Hay, The British Business Community, Social Insurance and the German Example, in : W. J. Mommsen（ed.）, *The Emergence of Welfare State in Britain and Germany*, pp. 107-132.

（27）P. Hennock, The Origin of British National Insurance and the German Precedent, p. 95.

（28）ウィリアム・ベヴァリジ『ベヴァリジ報告書——社会保険と関連サービス』社会保障研究所，1975 年，36 ページ［William Beveridge, *Social Insurance and Allied Service. Report by Sir William Beveridge*, London, 1942, p. 25］。また G・C・ピーデン『イギリス経済社会政策史』美馬孝人／千葉頼夫訳，梓出版社，1990 年，32 ページ［G. C. Peden, *British Economic and Social Policy : Lloyd George to Margaret Thatcher*, Oxford, 1985］を参照。

（29）アメリカの社会保障システムの初期的展開について，ここでは Andrea Tone, *The Business of Benevolence. Industrial Paternalism in Progressive America*, Ithaca, 1997 ; Sanford M. Jacoby, *Modern Manors : Welfare Capitalism since the New Deal*, Princeton, NJ, 1997［S・M・ジャコービィ『会社荘園制——アメリカ型ウェルフェア・キャピタリズムの軌跡』内田一秀他訳，北海道大学図書刊行会，1999 年］を挙げておく。

（30）A. Tone, *ibid.*, p. 35.

（31）*Ibid.*, p. 27.

(32) *Ibid.*, pp. 33–35.

第I部第4章　20世紀世界システムの胎動

(1) Angus Maddison, *Monitoring the World Economy 1820–1992*, OECD, Paris, 1995, Appendices G-2 and I-4 ［アンガス・マディソン『世界経済の成長史　1820〜1992』金森久雄監訳，東洋経済新報社，2000年］から概算。

(2) ここでの中心諸国には，西ヨーロッパの小国，オランダ，ベルギー＝ルクセンブルグ，スイスを含む。

(3) この項のイギリスの叙述については，多くの研究を参照すべきであるが，ここでは次のものだけを挙げておく。毛利健三『自由貿易帝国主義――イギリス産業資本の世界展開』東京大学出版会，1978年；吉岡昭彦『近代イギリス経済史』岩波全書，1981年；桑原莞爾他編『イギリス資本主義と帝国主義世界』九州大学出版会，1990年；P・J・ケイン／A・G・ホプキンズ『ジェントルマン資本主義と大英帝国』竹内幸雄／秋田茂訳，岩波書店，1994年；Roderick Floud and Paul Johnson (eds.), *The Cambridge Economic History of Modern Britain*, Vol. II : Economic Maturity, 1860–1933, Cambridge, 2004. 統計数字については，B. R. Mitchell, *Abstract of British Historical Statistics*, Cambridge, 1962に依拠している。

(4) Herbert Feis, *Europe, the World's Banker 1870–1914*, New Haven, 1930, reprinted 1964 and 1974, Clifton, NJ, p. 23 ［ハーバート・ファイス『帝国主義外交と国際金融 1870–1914』柴田匡平訳，筑摩書房，1992年，15ページ］を参照。

(5) 例えば，Michael Edelstein, Foreign Investment, Accumulation and Empire, 1860–1914, in : R. Floud and P. Johnson (eds.), *The Cambridge Economic Histry of Modern Britain*, Vol. II, pp. 190–226を参照。

(6) 桑原莞爾『イギリス関税改革運動の史的分析』九州大学出版会，1999年。

(7) G・D・H・コール『イギリス労働運動史』III，林健太郎他訳，岩波現代叢書，1970年，75–95ページ ［G. D. H. Cole, *A Short History of the British Working-Class Movement 1780–1947*, New ed., London, 1948］。

(8) この段階のフランス経済については以下の文献を参照。中木康夫『フランス政治史』上，未来社，1977年，第三部［前編］，229ページ以下；権上康男／大森弘喜「産業文明の誕生と展開」柴田三千雄他編『フランス史3　19世紀なかば〜現在』山川出版社，1995年，3–78ページ；中野隆生「第3共和政の確立と動揺」同上書，第三章；権上康男「フランス金融市場と中央銀行統制（20世紀初頭-1938年）」藤瀬浩司／吉岡昭彦編『国際金本位制と中央銀行政策』名古屋大学出版会，1987年，127–169ページ；吉井明「貿易収支『均衡』構造の崩壊と第一次大戦前夜のフランス資本主義」桑原莞爾他編『イギリス資本主義と帝国主義世界』354–394ページ；Maurice Lévy-Levoyer (ed.), *La Position internationale de la*

France : Aspects économiques et financiers XIXe–XXe siècles, Paris, 1977, pp. 8–98.

(9) P. Bairoch (ed.), *La Population active et sa structure = The Worling Popnlation and its Structure*, Bruxelles, 1968, pp. 136, 173, 189.

(10) *Annuaire Statistique de la France*, Paris, 1913, 3. F., pp. 219–225.

(11) H. Feis, *Europe*, p. 51.

(12) M. Lévy-Levoyer, *La Position internationale de la France*, pp. 119–121 ; A・I・ブルームフィールド『金本位制と国際金融　1880–1914年』小野一一郎／小林龍馬訳, 日本評論社, 1975年, 33–44および148–160ページ［邦訳は, Arthur I. Bloomfield, *Monetary Policy under the International Gold Standard, 1880–1914*, New York, 1959を含めて3論文を収録］。

(13) 1900–13年のフランス政治過程については, 中木康夫『フランス政治史』上および中野隆生「第3共和政の確立と動揺」を参照されたい。

(14) 統計数字については, U. S. Department of Commerce, Bureau of Census, *Historical Staistics of the United States, Colonial Times to 1970*, Part 1 and Part 2, Washington, D. C., 1975を参照。20世紀初頭の政治社会および経済状況については, 例えば志邨晃佑「革新主義改革と対外進出」有賀貞他編『アメリカ史2　1877–1992』山川出版社, 1993年, 101ページ以下；秋元英一／菅英輝『アメリカ20世紀史』東京大学出版会, 2003年；鈴木圭介編『アメリカ経済史II　1860年代—1920年代』東京大学出版会, 1988年；Stanley L. Engerman and Robert E. Gallman (eds.), *The Cambridge Economic History of the United States*, Vol. III, Cambridge, 2000の諸論文を参照されたい。

(15) イギリスの海外投資は, 1911–13年の3年の平均で952.8百万ドルと推計される。この額は証券投資と見なされる。Matthew Simon, The Pattern of New British Portfolio Foreign Investment, 1865–1914, in : J. H. Adler and P. W. Kuznets (eds.), *Capital Movements and Economic Development : Proceedings of a Conference held by the International Association*, New York, 1967, pp. 52–53. これに対し, アメリカの対外資本投資は165.7百万ドルでイギリスのそれに対してほぼ6分の1程度に達していた。アメリカの対外投資の約4分の3は直接投資と見ることができる。U. S. Department of Commerce, Bureau of the Census, *Historical Statistics of the United States, Colonial Times to 1970*, Part 2, p. 867.

(16) この項については, 高山洋一『ドルと連邦準備制度』新評論, 1982年；藤瀬浩司／吉岡昭彦編『国際金本位制と中央銀行政策』；西川純子／松井和夫『アメリカ金融史——建国から1980年まで』有斐閣, 1989年；須藤功『アメリカ巨大企業体制の成立と銀行——連邦準備制度の成立と展開』名古屋大学出版会, 1996年を挙げておく。

(17) アメリカの「福祉資本主義」の発展を概観するには, Andrea Tone, *The Business of Benevolence : Industrial Paternalism in Progressive America*, New York, 1997および

Stanford M. Jacoby, *Modern Manors : Welfare Capitalism since the New Deal*, Princeton, NJ, 1999 [S・M・ジャコービィ『会社荘園制――アメリカ型ウェルフェア・キャピタリズムの軌跡』内田一秀他訳，北海道大学図書刊行会，1999 年] の Introduction が適切である。

(18) マディソンの数字による。Angus Maddison, *Monitoring the World Economy*, Table C-16a [アンガス・マディソン『世界経済の成長史』].

(19) Walter G. Hoffmann, *Das Wachstum der deutschen Wirtschaft seit der Mitte des 19. Jahrhunderts*, Berlin 1965, SS. 816ff. ホフマンの数字については議論があるが，ここではいくつかの点に留意して，考察の基礎としている。例えば要素所得については，趨勢を表しているだけで，年々の変動を表すものではない。

(20) ホフマンに従うと，経常収支黒字は 10 年平均で 1880 年代に 466 百万マルク，1890 年代に 401 百万マルク，1900 年代には 348 百万マルクとなる。*Ibid.*

(21) ドイツ重工業におけるカルテル形成については，Wilfried Feldenkirchen, *Die Eisen und Stahlindustrie des Ruhrgebiets 1879–1914 : Wachstum, Finanzierung und Struktur ihrer Grossunternehmen*, Wiesbaden 1982, SS. 110–149 を参照。

(22) J・A・シュンペーター『帝国主義と社会階級』都留重人訳，岩波書店，1966 年，第 5 章 [J. A. Schumpeter, *Imperialism and Social Classes*, transl. by Heinz Norden, New York, 1951, pp. 83–130]。

(23) 村上淳一『ドイツ市民法史』東京大学出版会，1985 年，206–235 ページを参照。

(24) ドイツ金融組織についての研究は数多いが，ここでは以下の文献のみを挙げておく。O・ヤイデルス『ドイツ大銀行の産業支配』長坂聰訳，勁草書房，1984 年 [Otto Jeidels, *Das Verhältnis der deutschen Grossbanken zur Industrie mit besonderer Berücksichtigung der Eisenindustrie*, Leipzig 1905]；大野栄二『ドイツ金融資本成立史論』有斐閣，1956 年；吉岡昭彦「国際金本位制の成立に関する覚書」岡田与好他編『社会科学と諸思想の展開』創文社，1977 年；居城弘『ドイツ金融史研究――ドイツ型金融システムとライヒスバンク』ミネルヴァ書房，2001 年；藤瀬浩司「ライヒスバンクと国際金融市場――『銀行アンケート』(1908)」『社会科学研究』第 37 巻第 4 号 (1985 年)。

(25) 金融資本概念は，銀行資本の産業資本への「転化」，あるいはレーニンのように両者の「融合」から導出されるが，20 世紀資本主義の理解には不適切のように思われる。むしろ 20 世紀における，銀行資本と産業資本の独立の機能を両者の対立の側面を含めて重視すべきであろう。ヒルファディング『金融資本論』林要訳，国民文庫（大月書店），1974 年，(2) 88-89 ページ；レーニン『帝国主義論』堀江邑一訳，国民文庫，1953 年，64–65 ページを参照。

(26) ライヒスバンクについては，藤瀬浩司「帝国主義成立期におけるドイツ対外経済構造とライヒスバンク」土地制度史学会編『資本と土地所有』農林統計協会，1979 年；同「第一次世界大戦前夜におけるライヒスバンクと銀行統制」藤瀬浩

司／吉岡昭彦編『国際金本位制と中央銀行政策』; Knut Borchardt, Währung und Wirtschaft, in : Deutsche Bundesbank (hrsg.), *Währung und Wirtschaft in Deutschland 1876–1975*, Frankfurt a. M. 1976 ; Deutsche Bundesbank (hrsg.), *Deutsches Geld- und Bankwesen in Zahlen 1876–1975*, Frankfurt a. M. 1976.

(27) ドイツの世界政策は，第 1 次世界大戦の戦争目的に集約されている。本書第 5 章第 3 節を参照。

(28) ビュロー関税法については，ユンカーの圧力に譲歩し，「内政」を対外利益に優先させたというという点が一般に強調されているが，より多角的な評価が必要であろう。第 1 に世界情勢の変化である。1897 年のアメリカ，ディングリー関税法は，未曾有の高関税体系を構築し，ヨーロッパ諸国に衝撃を与えた。またイギリスは同年，植民地に対する最恵国待遇を認めたベルギーとドイツに対する通商条約を破棄し，それまでのイギリスを中心とした通商条約体制を実質的に解体した。こうした世界的な保護主義的傾向はドイツに対応を迫った。第 2 に財政政策，それに国際収支との関連である。この時期の財政政策を検討したヴィットは，関税法案の審議において財政政策的観点は副次的役割しか演じていなかったとするが，1901 年に帝国財政は 5,000 万マルク近くの巨額の赤字を計上し，アメリカ市場で 8,000 万マルクの 4 %利付き大蔵省証券を発行している。景気後退や金流出への対応があるとしても，艦隊政策をはじめとする軍事費の支出という財政政策的観点が帝国指導部や関係者に重視されなかったとは考えにくい。関税による増収は，払戻しと関税管理費用を差し引いても，年 11,000 万マルクを超えると推計される。関税引き上げによる国際収支の安定化は関税論争における保護主義派の主張の中で登場している。いずれにせよ，帝国指導部は，関税率を通商条約締結に支障にならない範囲に収めることに成功した。ドイツの関税率は近隣諸国のそれに比べて決して高いものではなかったことも留意すべきである。Peter-Christian Witt, *Die Finanzpolitik des Deutschen Reiches von 1903 bis 1913 : Eine Studie zur Innenpolitik des Wilhelminischen Deutschland*, Lübeck und Hamburg 1970, SS. 53, 58–80 ; Bund der Landwirte (hrsg.), *Anträge des Bundes der Lamdwirte zur neuen deutschen Zolltarife*, Berlin 1901 (?).

(29) 周辺工業化あるいは周辺工業国の歴史的起源，発展過程の特徴については，藤瀬浩司『資本主義世界の成立』ミネルヴァ書房，1980 年；同『欧米経済史——資本主義と世界経済の発展』放送大学教育振興会，1999 年，改訂新版 2004 年の当該個所も参照されたい。

(30) スウェーデンの経済発展は，西ヨーロッパ大陸諸国の経済発展とかなりの程度並行性が見られるが，イギリスによる周辺化作用が 19 世紀を通じて大きかった点と 90 年代以降の，ドイツの工業化と結びついた工業発展の点の両面を理解する必要がある。この項については，石原俊時『市民社会と労働者文化——スウェーデン福祉国家の社会的起源』木鐸社，1996 年；K.-G. Hildebrand, Labour and

Capital in the Scandinavian Countries in the Nineteenth and Twentieth Centuries, in : Peter Mathias and M. M. Postan (eds.), *The Cambridge Economic History of Europe,* Vol. VII : The Industrial Economies : Capital, Labour, and Enterprise, Part 1, Britain, France, Germany, and Scandinavia, Cambridge, 1978, pp. 590ff. ; Lars Magnusson, *An Economic History of Sweden*, London and New York, 2000 を参照されたい。

(31) カナダについては，*Canada Year Book*, Ottawa, 1906- ; Alan G. Green, Twentieth-Century Canadian Economic History, in : S. L. Engerman and R. E. Gallman (eds.), *The Cambridge Economic History of the United States*, Vol. III : The Twentieth Century, pp. 191-247, Bibliography, pp. 1066-1074 ; M. H. Watkins and H. M. Grant (eds.), *Canadian Economic History : Classic and Contemporary Approaches*, Montreal, 2000 を参照されたい。

(32) イタリアの経済構造および工業化については，A. Gerschenkron, *Economic Backwardness in Historical Perspective*, Cambridge, MA, 1962 ; Shepard B. Clough and Carlo Livi, Economic Growth in Italy : An Analysis of the Uneven Development of North and South, in : Barry E. Supple (ed.), *The Experience of Economic Growth : Case Studies in Economic History*, New York, 1963 ; Tom Kemp, *Industrialization in Nineteenth-century Europe*, London, 1976 ; Vera Zamagni, *The Economic History of Italy 1860-1990 : Recovery after Decline*, Oxford, 1993 ; 竹内啓一「イタリアにおける『南部問題』の起源と問題の展開」『経済地理学年報』第 7 巻（1961 年）；堺憲一『近代イタリア農業の史的展開』名古屋大学出版会，1988 年；北原敦『イタリア現代史研究』岩波書店，2002 年を参照されたい。

(33) オーストリアの工業化についての研究は，さしあたり次を参照。David F. Good, Stagnation and "Take-Off" in Austria, 1873-1913, *Economic History Review*, New Series, Vol. 27, No. 1 (Feb. 1974), pp. 72-87 ; do., The Great Depression and Austrian Growth after 1873, *Economic History Review*, New Series, Vol. 31, No. 2 (May 1973), pp. 290-294 ; Richard Rudolph, *Banking and Industrialization in Austria-Hungary : The Role of Banks in the Industrialization of the Czech Crownlands 1873-1974*, Cambridge, 1976.

(34) R. Rudolph, *ibid.*, p. 19

(35) 様々な議論を伴いながらも，周辺工業化の多くの場合と同様，ロシアについても，国家主導の工業化というガーシェンクロンの性格づけは妥当している。ロシア工業化についての研究は枚挙にいとまがないが，ここでは，次の論稿をとくに参照されたい。P. L. Lyashchenko, *History of the National Economy of Russia to the 1917 Revolution*, transl. by L. M. Herman, New York, 1949 ; Alexander Gerschenkron, Russia : Patterns and Problems of Economic Development, 1861-1958, in : do., *Economic Backwardness in Historical Perspective*, Cambridge, MA, 1952, pp. 119-151 ; Theodore H. Laue, *Sergei Witte and the Industrialization of Russia*, New York, 1963 ［セオダー・

H・フォン・ラウエ『セルゲイ・ウィッテとロシアの工業化』菅原崇光訳，勁草書房，1977 年］; M. E. Falkus, *The Industrialisation of Russia, 1700–1914*, London, 1972［M・E・フォーカス『ロシアの工業化　1700–1914』大河内暁男監訳，岸智子訳，日本経済評論社，1985 年］; Paul Gregory and Joel W. Sailors, Russian Monetary Policy and Industrialization, 1861–1913, *Journal of Economic History*, Vol. 36/4 (Dec.1976), pp. 836–851 ; 和田春樹「近代ロシアの発展構造——1890 年代のロシア」『社会科学研究』第 17 巻第 2・3 号（1965 年）; 日南田静真『ロシア農政史研究——雇役制的農業構造の論理と実証』御茶の水書房，1966 年；伊藤昌太『旧ロシア金融史の研究』八朔社，2001 年。

（36）日本の工業化について，多くの文献を参照すべきであるが，ここでは次の研究のみを挙げておく。山田盛太郎『日本資本主義分析』岩波文庫，1977 年；丹羽邦男『明治維新の土地変革——領主的土地所有の解体をめぐって』御茶の水書房，1962 年；石井寛治『日本経済史』東京大学出版会，1976 年，第 2 版 1991 年；中村隆英『日本経済——その成長と構造』東京大学出版会，1978 年，第 3 版 1993 年。

（37）藤瀬浩司『資本主義世界の成立』；同『欧米経済史』第Ⅰ・Ⅱ部を参照。

（38）資本輸出能力を示す，イギリス経常収支の黒字の構成については，イムラー（A. H. Imlah）の数字を見よ。B. R. Mitchell, *Abstract of British Historical Statistics*, pp. 333–335.

（39）西村閑也『国際金本位制とロンドン金融市場』法政大学出版局，1980 年，52–53 ページ；M. Simon, The Pattern of New British Portfolio Foreign Investment, pp. 52–56 に依拠している。

（40）M. Lévy-Levoyer (ed.), *La Position internationale de la France*, pp. 7–33 を参照。

（41）インドおよび中国の移民形態の分析は，杉原薫『アジア間貿易の形成と構造』ミネルヴァ書房，1996 年，第Ⅲ編を参照。また A・J・H・レイサム『アジア・アフリカと国際経済　1865–1914 年』川勝平太／菊池紘一訳，日本評論社，1987 年，第Ⅳ章［A. J. H. Latham, *The International Economy and the Undeveloped World 1865–1914*, London, 1978］を参照。蘭領東インドの砂糖プランテーションでは主として現地人労働力に依存したようである。宮本謙介『概説インドネシア経済史』有斐閣選書，2003 年を参照。

（42）インドシナ・メコンデルタ，ビルマ・イワラジデルタ，タイ・チャオプラヤデルタの 3 大米作地帯は，アジアのみならず世界の米供給を担うことになった。

（43）以下については，R. C. Dutt, *The Economic History of India*, Vol. 2, New Delhi, 1963 ; B. M. Bhatia, *Famines in India : A Study in some Aspects of the Economic History of India, 1860–1965*, 2nd ed., New York, 1967 ; 角山栄「イギリスの対インド投資」矢口孝次郎編著『イギリス帝国経済史の研究』東洋経済新報社，1974 年，125–152 ページ；井上巽『金融と帝国——イギリス帝国経済史』名古屋大学出版会，

1995年；杉原薫『アジア間貿易の形成と構造』を参照。

(44) 本書，第5章第2節を参照。

(45) 中南米経済の歴史と現状については，R・スタベンハーゲン『開発と農民社会――ラテンアメリカ社会の構造と変動』山崎春成他訳，岩波現代選書，1981年，とくに153-253ページ［邦訳は，Rodolfo Stavenhagen, Seven Fallacies about Latin America, *New University Thought*, Vol. 4/4 (1966/67) を含めて8論文を収録］；アンドレ・G・フランク『世界資本主義とラテンアメリカ――ルンペン・ブルジョワジーとルンペン的発展』西川潤訳，岩波書店，1978年，とくに第2章［Andre Gunder Frank, *Lumpen-Bourgeoisie and Lumpen-Development : Dependency, Class, and Politics in Latin America*, New York, 1972］；ビクター・バルマー＝トーマス『ラテンアメリカ経済史――独立から現在まで』田中高他訳，名古屋大学出版会，2001年［Victor Bulmer-Thomas, *The Economic History of Latin America since Independence*, Cambridge, 1994］；松下洌『現代ラテンアメリカの政治と社会』日本経済評論社，1993年，とくに第3章を参照。

(46) バルマー＝トーマス『ラテンアメリカ経済史』84-95ページ。

(47) N. G. Butlin, *Australian Domestic Product, Investment and Foreign Borrowing. 1861-1938 / 39*, Cambridge, 1962；尾上修吾「オーストラリア経済の変容とイギリス資本」山田秀雄編著『イギリス帝国経済の構造』新評論，1986年，147-196ページ；荒井政治「オーストラリアの経済開発と英豪関係」矢口幸次郎編著『イギリス帝国経済史の研究』93-123ページ。

(48) A. J. H. Latham and Larry Neal, The International Market in Rice and Wheat, 1868-1914, *Economic History Review*, New Series, Vol. 36, No. 2 (may 1983), pp. 260-280.

(49) こうした西欧と東南欧との経済的利害の非対称性は現在にいたる長期的問題となっている。

(50) オスマン帝国の歴史に関しては，例えば三木亘「オスマン帝国のアラブ支配とその解体」岩波講座『世界歴史』第Ⅲ部第8巻『近代世界の展開Ⅴ』1970年；護雅夫／林武「オスマン帝国の改革運動」同上書；鈴木董『オスマン帝国――イスラム世界の「柔らかい専制」』講談社現代新書1097，1992年；林佳世子『オスマン帝国500年の平和』講談社，2008年を，また債務危機に関しては，ハーバート・ファイス『帝国主義外交と国際金融　1870-1914』柴田匡平訳，筑摩書房，1992年，第15章［Herbert Feis, *Europe, the World's Banker 1870-1914 : An Account of European Foreign Investment and the Connection of World Finance with Diplomacy before the War*, New Haven, 1930, reprinted Clifton, NJ, 1974］を参照されたい。

(51) レイサム『アジア・アフリカと国際経済』。

(52) アフリカについては，同上のレイサムのほか，佐々木尤「南アフリカ金鉱山開発と鉱業金融商会」山田秀雄編著『イギリス帝国経済の構造』225-296ページ；室井義雄『連合アフリカ会社の歴史　1879-1979年――ナイジェリア社会経済史序

説』同文舘出版，1992 年；ウォルター・ロドネー『世界資本主義とアフリカ——ヨーロッパはいかにアフリカを低開発化したか』北沢正雄訳，柘植書房，1978 年［Walter Rodney, *How Europe Underdeveloped Africa*, London, 1973］を参照。

(53) 当時の中国経済については，前掲レイサムとともに，濱下武志「第 1 章　清末 1 政治」および「2　経済」同編『中国史 5 清末―現在』（世界歴史大系）山川出版社，2002 年，3-47，47-74 ページ；同『近代中国の国際的契機——朝貢貿易システムと近代アジア』東京大学出版会，1990 年；黒田明伸『中華帝国の構造と世界経済』名古屋大学出版会，1994 年を参照されたい。

(54) レイサム『アジア・アフリカと国際経済』83-85 ページ。同時代のヨーロッパの統計によっても，貿易収支の赤字は推測できる。Internationale Übersichten, in : *Statistisches Jahrbuch für das Deutsche Reich*, Jg. 35, Berlin 1914, S. 59*.

第 I 部第 5 章　多角的決済の世界システムと国際金本位制

(1) League of Nations, *The Network of World Trade*, Geneva, 1942 ; S. B. Saul, *Studies in British Overseas Trade 1870–1914*, Liverpool, 1960 ［S・B・ソウル『イギリス海外貿易の研究』久保英夫訳，文眞堂，1980 年］. ソウルの研究に深く結びついた研究としては，例えば，A. J. H. Latham, *The International Economy and the Underdeveloped World 1865–1914*, London, 1978 ［A・J・H・レイサム『アジア・アフリカと国際経済　1865–1914』川勝平太／菊池紘一訳，日本評論社，1987 年］がある。我が国においても多くの研究があるが，ここでは吉岡昭彦「国際金本位制の成立に関する覚書」岡田与好編『社会科学と諸思想の展開』下，創文社，1977 年；同「帝国主義成立期における再生産＝信用構造の諸類型とポンド体制の編成」土地制度史学会編『資本と土地所有』農林統計協会，1979 年；同『近代イギリス経済史』岩波全書，1981 年；藤瀬浩司「20 世紀最初の三分の一世紀における世界貿易の構造」『調査と資料』61 号（1976 年）；同『資本主義世界の成立』ミネルヴァ書房，1980 年，第Ⅲ部のみを挙げておく。

(2)「交易ルート」という語は，私がかつて使っていた「環節」という語と内容的には変わりない。「環節」という語は，名和統一の環節論（『日本紡績業の史的分析』潮流社，1948 年）を援用したものである。

(3) ソウルはイギリスの各国，各地域に対する国際収支の推計を試みている。それは様々な典拠から貿易，貿易外等の数値を積み上げる方式をとっている。やむえないことであるが，典拠とした数値およびこれから個別の国際収支を計算する方法にはかなりの推測が含まれている。巻末付表 5-1 およびこれに基づく図 5-1 で試みた方法は，まず，1910 年のイギリスの貿易統計とイムラーによる国際収支の諸勘定を基礎として，各国・各地域の数値を按分比例により計算していき，全体的バランスを維持できるようにしている。その際，①運輸・旅行・送金を含む貿

易外収支は1910年のイギリス貿易外収入×全貿易総額のうちその国・地域が占める比率（1910年）により，また②投資収益は1910年のイギリス全投資収益×イギリスの全投資残高（1913・14年）のうちその国・地域が占める比率によって計算した。③資本輸出額は［イムラーによる1910年の純資本輸出額（174百万ポンド)］×［サイモンによる1905-13年平均の資本輸出額の地域別比率］の値で推計した。もちろんこうした計算には多くの留保条件が付く。貿易総額によって，「投資収益以外の貿易外収支」を推計する際には，国別地域別に輸送費の距離の差，イギリス以外の船舶の割合などに差異があるし，それ以上に旅費，送金の差異は大きいと見られる。④送金・旅費については，可能な限りアメリカ合衆国の旅費・海外送金，および移民統計およびイギリス海外移民統計によって推計した。以下アメリカ合衆国，ドイツ，フランスなどについても，可能な限り様々なデータを利用して同様の推計をした。しかし若干の場合，数値に矛盾が出てくることがある。イギリスについて，貿易および経常収支の数値は，B. R. Mitchell, *Abstract of British Historical Statistics*, Cambridge, 1962 ; *Statistical Abstract for the United Kingdom in Each of the last Fifteen Years from 1900–1914*, London, 1915 ; A. H. Imlah, *Economic Elements in the Pax Britannica : Studies in British Foreigh Trade in the Nineteenth Century*, Cambridge, MA, 1956. 在外資産の保有高については，George Paish, *The Export of Capital and the Cost of Living*, Manchester, 1914 ; Hebert Feis, *Europe, The World's Banker 1870–1914 : A Account of European Foreign Investiment and the Connection of World Finance with Diplomacy before the War*, New Haven, 1930［ハーバート・ファイス『帝国主義外交と国際　70–1914』柴田匡平訳，筑摩書房，1992年］; Arthur I. Bloomfield, *Monetary Policy under the International Gold Standard, 1880–1914*, New York, 1959［A・I・ブルームフィールド『金本位制と国際金融　1880–1914年』小野一一郎／小林龍馬訳，日本評論社，1975年］の指摘によっている。なお各国通貨の交換比率は，ブルームフィールドに従い，1イギリス・ポンド（£）= 4.867米ドル（$），1フランス・フラン（F）= 0.193米ドル，1ドイツ・マルク（M）= 0.238米ドルと計算する。ブルームフィールド，同上書，190ページ。なお，本書では，上記通貨の国名表記は省略する。

（4）ミッチェルによって，統計上，「トルコ・中東」として整理されている地域は，実質上ほぼオスマン帝国の全領土を包括しているが，初期にはヴァラキア，モルダヴィア，アラビア，アデン，ペルシアは入っていない。後にはこれら地域から生まれた国々をも含んでいる。B. R. Mitchell, *Abstract of British Historical Statistics*, pp. 315–327を参照。

（5）資本移動については以下，Matthew Simon, The Pattern of New British Portfolio Foreign Investment, 1865–1914, in : J. H. Adler and P. W. Kuznets (eds.), *Capital Movements and Economic Development : Proceedings of a Conference held by the International Economic Association*, New York, 1967に依拠する。

（6）注（3）と同様な計算方法による。投資比率は Latham の数字による。レイサム『アジア・アフリカと国際経済』47 ページ。

（7）M. Simon, The Pattern of New British Portofolio Foreigh Investiment.

（8）ソウルに従えば同じ年にインドのみで 60 百万ポンドの黒字を貢献していた。ソウルの推計は巻末付表 5-1 の数値とかなり大きく食い違っている。これはイギリスからの金地金の流出が，約 15 百万ポンドと突出して大きいことに大きく影響されている。しかし 60 百万ポンドはやや過大のように見える。ソウル『イギリス海外貿易の研究』127，352-354 ページ。

（9）注（3）と同様な計算方法による。

（10）中南米およびアフリカについては，イギリスの資本輸出（証券）が，この時期の平均で，それぞれ 33.5 百万ポンドおよび 15 百万ポンドであり，前者では経常収支の黒字をほとんど相殺し，僅かなイギリスの受取りにとどまり，後者では巨額な地金輸入もあって僅かな支払となっている。注（3）と同様な計算方法による。

（11）以上はイギリス側の統計による。巻末付表 5-2 は合衆国側の統計に基づき注（3）と同様な方法で作成している。U. S. Department of Commerce, Bureau of the Census, *Historical Statistics of the United States, Colonial Times to 1970*, Part 2, Washington, D. C., 1975, pp. 864-867 を参照。貿易収支は 235 百万ドル（48 百万ポンド）の黒字である。イギリス側の統計に基づく，ソウルの貿易外収支全体の推計は，利子収入が 36 百万ポンド，それ以外が 15 百万ポンドで合計 51 百万ポンドとしている。ソウル『イギリス海外貿易の研究』349 ページ。

（12）巻末付表 5-2（注（10）を参照）のように，投資収入 22 百万ポンド，貿易外収入 11 百万ポンドで，経常収支は 15 百万ポンドの黒字と見積もられる。資本輸入は 44 百万ポンド程度あったと見られるので，全体ではアメリカの受取りは 60 百万ポンドと推計される。

（13）S. B. Saul, *Studies in British Overseas Trade*, p. 58［ソウル『イギリス海外貿易の研究』81 ページ］.

（14）注（10）を参照。

（15）巻末付表 5-3 は，*Annuaire Staistique de la France*, Paris, 1911 ; Maurice Lévy-Leboyer (ed.), *La Position internationale de la France : Aspects économiques et financiers XIXe-XXe siècles*, Paris, 1977 に依拠している。また巻末付表 5-4 は，*Statistisches Jahrbuch für das Deutsche Reich*, Jg. 35, Berlin 1914 および Walther G. Hoffmann, *Das Wachstum der deutschen Wirtschaft seit der Mitte des 19. Jahrhunderts*, Berlin 1965 による。通貨交換比率は注（3）を参照。同じことであるが，1 フラン＝0.0397 ポンド，1 マルク＝0.0489 ポンドとなる。

（16）正しくは投資収益，貿易外収支のそれぞれについて，一方の地域がプラスの時他方がマイナスになる必要があるが，巻末表の整理ではそうなっていない。これらの項目のうち投資収益は巻末表でも両地域とも極めて小さく，収支相殺される状

態であるように思われる。他方，イギリスの貿易外収支の数値は過大に表示されている。工業ヨーロッパ諸国の船舶保有，鉄道輸送の増加による運輸勘定における支払の減少，フランスの旅行勘定における黒字の大きさ（表 5-3b を参照）からすれば，イギリスがこの収支項目について黒字としてもそれほど大きくはないと思われる。

（17）M. Lévy-Leboyer, *La Position internationale de la France*, p. 25. 1910 年によって，資本輸出の大まかな推計をすると，フランスは 37，ドイツは 13 各百万ポンド，合計 50 百万ポンドとなる。

（18）ヨーロッパ内貿易の分析としては，League of Nations, *Europe's Trade : A Study of the Trade of European Countries with Each Other and with the Rest of the World,* Geneva, 1941 が貴重である。

（19）この地域に対する資本輸出（純額，1910 年）について推計すると，イギリスは比較的小さく 13 百万ポンド程度に過ぎないが，フランスは 20，ドイツが 14 各百万ポンド程度で合計 34 百万ポンドに達する。ロシアに対しては，それぞれ 7，17，3 百万ポンドで，フランスが突出している。

（20）ロシア側の統計に従えば，1910 年の対ドイツ貿易収支はロシアの約 6 百万ポンドの赤字であり，赤字は 1911 年を除いて，第一次世界大戦まで次第に大きくなっている（1913 年，15.6 百万ポンド）。B. R. Mitchell（ed.）, *International Historical Statistics : Europe 1750–2000*, 5th ed., Basingstoke, 2003, pp. 644–647.

（21）League of Nations, *The Network of World Trade.*

（22）ソウルによるイギリスの対カナダ国際収支は，地金取引を含む貿易収支が 3.9 百万ポンドの赤字，投資収益とその他の貿易外収支が，それぞれ 6.0 と 17.1 百万ポンドの受取り，従って経常収支は 19.2 百万ポンドの黒字となり，資本輸出が 44.9 百万ポンドあるので，最終的にイギリスの 25.7 百ポンドの支払いとなる。巻末付表の整理と比較すると，とりわけ，その他の貿易外収支が小さく，資本輸出額が大きい。貿易外収支では，送金が見積もられていないが，移民に伴う費用と携帯金を計算すると，ソウルのような結果が正しいといえるかもしれない。資本輸出についても，20 世紀最初の十数年はカナダ投資の急増の時期であり，また巻末付表は第一世界大戦直前の投資残高を基準にしているため，合衆国に対する投資をやや大きく見積もりすぎているかもしれない。

（23）国際金本位制についての議論は例えば，Michael D. Bordo and Anna J. Schwartz（eds.）, *A Retrospective on the Classical Gold Standard, 1821–1931*, Chicago, 1984 ; Barry Eichengreen, *Globalizing Capital : A History of the International Monetary System*, Princeton, NJ, 1966［B・アイケングリーン『グローバル資本と国際通貨システム』高屋定美訳，ミネルヴァ書房，1999 年］を参照されたい。

（24）アイケングリーン，同上書，30–36 ページ。

（25）Ragnar Nurkse, *International Currency Experience : Lessons of the Inter-War Period*,

Geneva, 1944 [R・ヌルクセ『国際通貨——20 世紀の理論と現実』小島清／村野孝訳，東洋経済新報社，1953 年].

(26) A. I. Bloomfield, *Monetary Policy under the International Gold Standard* [ブルームフィールド『金本位制と国際金融』第一部]. 訳書にはブルームフィールドの同時期の「短期資本移動」（第二部），「国際投資の変動」（第三部）に関する論文も含められている。

(27) アイケングリーン『グローバル資本と国際通貨システム』36-39 ページを参照。

(28) この点については，藤瀬浩司／吉岡昭彦編『国際金本位制と中央銀行政策』名古屋大学出版会，1987 年所収の諸論文，また吉岡昭彦「国際金本位制の成立に関する覚書」岡田与好編『社会科学と諸思想の展開』を参照されたい。

(29) *Statistisches Jahrbuch für das Deutsche Reich*, Jg. 35, S. 35*.

(30) 吉岡昭彦「イギリス綿業資本と本位制論争」岡田与好編『近代革命の研究』下，東京大学出版会，1973 年，187-266 ページ。

(31) *Statistisches Jahrbuch für das Deutsche Reich*, Jg. 35, S. 35*.

(32) Marcello de Cecco, *The International Gold Standard : Money and Empire*, London, 1984, p. 100.

(33) イギリスについては，さしあたり以下を参照。Walter Bagehot, *Lombard Street : A Description of the Money Market*, London, 1882 [バジョット『ロンバード街——ロンドンの金融市場』宇野弘蔵訳，岩波文庫，1941 年；ウォルター・バジョット『ロンバード街——金融市場の解説』久保恵美子訳，日経 BP クラシックス，2011 年]; R. S. Sayers, *The Bank of England 1891-1944*, Vol. 1-2, Cambridge, 1976 [R・S・セイヤーズ『イングランド銀行　1891-1944 年』上・下，西川元彦監訳，日本銀行金融史研究会訳，東洋経済新報社，1979 年]; 侘美光彦『国際通貨体制——ポンド体制の展開と崩壊』東京大学出版会，1976 年；金井雄一『イングランド銀行金融政策の形成』名古屋大学出版会，1989 年を参照。

(34) 注(33)の諸文献を参照。

(35) 権上康男「フランス金融市場と中央銀行統制（20 世紀初頭—1938 年）——フランスにおける公開市場政策の導入」藤瀬浩司／吉岡昭彦『国際金本位制と中央銀行政策』127-169 ページ。

(36) 藤瀬浩司「第一次大戦前夜のライヒスバンクと銀行統制」同／吉岡昭彦，同上書，171-213 ページ；同「ライヒスバンクと国際金融市場——「銀行アンケート」（1908 年）の分析」『社会科学研究』第 37 巻第 4 号（1985 年），103-147 ページ；居城弘『ドイツ金融史研究——ドイツ型金融システムとライヒスバンク』ミネルヴァ書房，2001 年。

(37) マーガレット・G・マイヤーズ『アメリカ金融史』吹春寛一訳，日本図書センター，1979 年，287-310 ページ [Margaret G. Myers, *A Financial History of the United States*, New York, 1970]；M. de Cecco, *The International Gold Standard*, pp. 110-117;

須藤功『アメリカ巨大企業体制の成立と銀行――連邦準備制度の成立と展開』名古屋大学出版会，1997 年；西川純子／松井和夫『アメリカ金融史――建国から 1980 年代まで』有斐閣，1989 年，第 5 章。

(38) ブルームフィールド『金本位制と国際金融』12-24 ページ。債権国であるオランダ，ベルギー，またスイスのような小国では，金の国内流通を避け，国内流通を目的とする金兌換を制限したが，金流通による負担を軽減するという便宜的な措置に重点があったと見るべきであろう。

(39) ロシア，日本，イタリア，オーストリア＝ハンガリーにおける金本位制については，伊藤昌太『旧ロシア金融史の研究』八朔社，2001 年，とくに第 2 部「ロシア金本位制の成立と展開」の諸章；伊藤正直「日露戦争後の日本金本位制と中央銀行政策」藤瀬浩司／吉岡昭彦『国際金本位制と中央銀行政策』377-419 ページ；堺憲一「イタリア産業革命期の信用制度とイタリア銀行」同上書，339-376 ページ；佐藤勝則「オーストリア=ハンガリー中央銀行政策と世界市場」同上書，301-338 ページを参照されたい。

(40) M. de Cecco, *The International Gold Standard*, p. 105. インドの金為替本位制については，J・M・ケインズ『インドの通貨と金融』(『ケインズ全集』1) 則武保夫／片山貞雄訳，東洋経済新報社，1977 年；井上巽『金融と帝国――イギリス帝国経済史』名古屋大学出版会，1995 年，第 1 部を参照。

(41) M. de Cecco, *ibid.*, p. 87.

(42) ベアリング恐慌におけるイングランド銀行と諸銀行の関係については，*Ibid.*, pp. 87-102.

(43) 1914 年危機にさいして，預金銀行の要求に対するイングランド銀行，政府の対応については，*Ibid.*, pp. 127ff. に詳しい。

(44) *Ibid.*, pp. 139-140.

(45) 藤瀬浩司「ライヒスバンクと銀行統制」同／吉岡昭彦『国際金本位制と中央銀行政策』171-213 ページ。

(46) マイヤーズ『アメリカ金融史』306-310, 480-481 ページ；Eugene N. White, Banking and Finance in the Twentieth Century, in : Stanley L. Engerman and Robert E. Gallman (eds.), *Cambridge Economic History of the United States*, Vol. Ⅲ, Cambridge, 2000, pp. 742-744.

(47) 1920 年代から 30 年代に進む，20 世紀資本主義の金融システムは，ここではまだその端緒が示されているに過ぎない。

(48) J・M・ケインズ『インドの通貨と金融』; G. F. Knapp, *Staatliche Theorie des Geldes*, Leipzig 1905 [クナップ『貨幣国定学説』宮田喜代蔵訳，岩波書店，1922 年] ; Friedrich Bendixen, *Das Wesen des Geldes : Zugleich ein Beitrag zur Reform des Reichs*, München, 1908. 同上書でケインズは金為替本位制を機能的な合理性，および効率的な管理の面から捉え，後の貨幣論での展開を予見させる。クナップは著

書の英抄訳の出版に際しての謝辞に J. Bonar とともに Keynes の名前を挙げているが，この人物が J・M・ケインズかどうか，そうであったとしてどの程度の交流があったかは不明である。

(49) 帝国主義に関する研究史は，いろいろな立場から整理が試みられているが，ここでは，Andrew Porter, *European Imperialism, 1860–1914*, Baisingstoke, 1994［アンドリュー・ポーター『帝国主義』福井憲彦訳，岩波書店，2006 年］のみを挙げておく。

(50) Joseph A. Schumpeter, *Imperialism and Social Classes*, New York, 1951［シュンペーター『帝国主義と社会階級』都留重人訳，岩波書店，1956 年］.

(51) ドイツのヴェーラー，あるいはイギリスのセンメルらの，いわゆる「社会帝国主義」論は戦後一時期大きく論議された。この議論は国家秩序，社会安定の破綻を回避する目的で帝国主義的な膨張政策がとられたと考える。確かに植民地獲得などの膨張政策は，国家威信を高め，一部の社会層に夢を与え，国内の政治的・社会的危機を回避する上で，ある種の効果はあったかもしれない。イギリスのように，広大な植民地が現実に労働者の雇用と労働条件の大きな支えとなっている場合，このような概念設定は，ある程度有効性を見出すことは可能であろう。しかしドイツのような場合，アフリカなどの植民地獲得が，社会改革ないしは社会政策に現実に結びつくことは極めて小さかった。ヴェーラーの難点は，「内政の優位」を強調するあまり，国家政策における国際関係の制約や影響を十分評価せず，またドイツ資本主義の権力構造を一面的に「前工業的」とか「半絶対主義的」と性格づけ，さらにこうした権力構造の変化を見ることなく，長期に継続したと主張することである。Bernard Semmel, *Imperialism and Social Reform : English Social-Imperial Thought 1895–1914*, London, 1960［バーナード・センメル『社会帝国主義史――イギリスの経験　1895–1914』野口健彦／野口照子訳，みすず書房，1982 年］; Hans-Ulrich Wehler, *Das Deutsche Kaiserreich 1871–1918*, 3. Aufl., Göttingen 1977［ハンス-ウルリヒ・ヴェーラー『ドイツ帝国　1871–1918 年』大野英二／肥前栄一訳，未来社，1983 年］.

(52) ホブスン『帝国主義論』上・下，矢内原忠雄訳，岩波文庫，1951・52 年；レーニン『帝国主義――資本主義の最近の段階としての』宇高基輔訳，岩波文庫，1956 年。

(53) 勢力均衡を含む国際法秩序の歴史的発展の概観については，例えばエイクハースト原著，マランチュク改編『現代国際法入門』長谷川正国訳，成文堂，2001 年，第 2 章［Peter Malanczuk (ed.), *Akehurst's Modern Introduction to International Law*, 7th revised ed., London, 1997］参照。

(54) イギリス自由貿易政策と公式・非公式の帝国拡大については，ギャラハー／ロビンソンの論文以降豊富な研究史があるが，ここでは次のもののみを指摘しておく。John Gallagher and Ronald Robinson, The Imperialism of Free Trade, *Economic History*

Review, Vol. 6 (Aug. 1953), pp. 1-15 ; 毛利健三『自由貿易帝国主義――イギリス産業資本の世界展開』東京大学出版会，1978 年；藤瀬浩司『資本主義世界の成立』ミネルヴァ書房，1980 年，第II部。

(55) Robert E. Clute and Robert R. Wilson, The Commonwealth and Favored Nation Usage, *American Journal of International Law*, Vol. 52, No. 3 (Jul. 1958), pp. 463-464. 最恵国条項をめぐる議論は第 1 次世界大戦前から国際的に議論されていた。Stanley K. Hornbeck, The Most-Favored-Nation-Clause, *American Journal of International Law*, Vol. 3, No. 4 (Oct. 1909), pp. 797-827 を参照。

(56) こうした問題はヴェルサイユ条約による一連の国々の独立後も解決されることなく，ヨーロッパ政治状況混迷の大きな原因となった。ジョセフ・ロスチャイルド『大戦間期の東欧――民族国家の幻影』大津留厚監訳，刀水書房，1994 年，第 1 章 [Joseph Rothschild, *A History of East Central Europe*, Seattle, WA, 1974] を参照。

(57) 九月綱領とそれをめぐる政治過程については，フリッツ・フィッシャー『世界強国への道――ドイツの挑戦，1914-1918 年』I，村瀬興雄監訳，岩波書店，1972 年，119-150 ページ [Fritz Fischer, *Griff nach der Weltmacht : Die Kriegszielpolitik des Kaiserlichen Deutschland 1914 / 1918*, Düsseldorf 1961]。九月綱領の原文は，例えば，Kriegsziel-Richtlinien Bethmann Hollwegs zu HD. des Staatssekretärs Clemens v. Delbrück (Bethmann Hollwegs “Septemberprogramm”), in : Reinhard Opitz (hrsg.), *Europastrategien des deutschen Kapitals 1900-1945*, Köln 1977, SS. 215-217 を見られたい。

(58) Kriegszieldenkschrift Walther Rathenaus an Bethmann Hollweg, in : R. Opitz (hrsg.), *ibid.*, SS. 212-215.

(59) フィッシャー『世界強国への道』I，128 ページ；Kriegsziel-Richtlinien Bethmann Hollwegs, S. 217. 中欧経済同盟を，帝国主義として一括してしまうことは，それがもつ重要な歴史的意味を見失うことになろう。

(60) ユリウス・ヴォルフの主張は，Julius Wolf, *Das Deutsche Reich und der Weltmarkt*, Jena 1901 に明瞭である。中欧経済協会については，藤瀬浩司「ユリウス・ヴォルフと中欧経済協会 1904-1918」『経済科学』第 44 巻第 3 号（1996 年），1-20 ページ；Hiroshi Fujise, Der Mitteleuropäische Wirtschaftsverein in Deutschland 1904-1918 : Ein Versuch der wirtschaftlichen Integration von Europa, in : Günther Schulz (hrsg.), *Von der Landwirtschaft zur Industrie : Wirtschaftlicher und gesellschaftlicher Wandel im 19. und 20. Jahrhundert*, Paderborn 1996, SS. 149-161 ; Hubert Kiesewetter, *Julius Wolf 1862-1937 : Zwischen Judentum und Nationalsozialismus*, Stuttgart 2008, SS. 311-349 を参照されたい。

(61) フィッシャー『世界強国への道』I，124 ページ。

(62) ウィルソンの「14 カ条提案」とその世界政策については，草間秀三郎氏の貴重な一連の研究がある。草間秀三郎『ウッドロー・ウィルソンの研究――とくに

国際連盟構想の発展を中心にして』風間書房，1974 年；同『ウィルソンの国際社会政策構想――多角的国際協力の礎石』名古屋大学出版会，1990 年。

(63) 14 カ条のオリジナル・テキストは，草間秀三郎『ウッドロー・ウィルソンの研究』Appendix C, The Fourteen Points，207-210 ページを参照。

(64) 同上書，208 ページ。

(65) 同上書，209 ページ。ウィルソンは 14 カ条の各項目を述べたあと，続けて次のように言う。「誤った権利の主張を根本的に修正することによって，我々は帝国主義者に反対して連合する，すべての政府と人民の親密なパートナーであると自覚できるのです。」この場合帝国主義者とは，ドイツや枢軸諸国のみでなく，広くヨーロッパの大国を指していると見ることができる。

付　表

表 4-3-1A　イギリス資本輸出の地域別構成（百万ポンド）

	ヨーロッパ	北米	中南米	アジア	アフリカ	オーストラレーシア	総額
1865-1874	16.9	13.5	7.7	6.1	2.1	2.8	49.0
1875-1884	7.6	14.0	5.4	5.5	3.9	10.2	46.6
1885-1894	6.6	24.3	17.1	8.9	4.4	13.1	74.4
1895-1904	5.4	19.9	6.9	14.5	18.4	8.6	73.7
1905-1913	13.7	66.6	32.0	25.1	14.0	7.9	159.3
1865-1913	50.2	138.3	69.1	60.1	42.8	42.6	403.0

表 4-3-1B　イギリス資本輸出と地域別構成（%，総額は百万ポンド）

	ヨーロッパ	北米	中南米	アジア	アフリカ	オーストラレーシア	総額
1865-1874	34.4	27.6	15.7	12.4	4.3	5.7	49.0
1875-1884	16.3	30.0	11.6	11.8	7.7	21.9	46.6
1885-1894	8.8	32.6	22.9	11.9	5.9	17.6	74.4
1895-1904	7.3	26.9	9.3	19.6	24.9	11.6	73.7
1905-1913	8.6	41.7	20.0	16.3	8.8	4.9	159.3
1865-1913	12.4	34.3	17.1	14.9	10.6	10.5	403.0

金額は新発行の外国証券への払込み額。

西村閑也『国際金本位制とロンドン金融市場』法政大学出版局，1980 年，52-53 ページ；Matthew Simon, The Pattern of New British Portfolio Foreign Investment, 1865-1914, in : J. H. Adler and P. W. Kuznets (eds.), *Capital Movements and Economic Development*, New York, 1967, pp. 52-53.

表 4-3-2　ヨーロッパ移民の流出国と規模（単位：1000）

	イギリス	フランス	ドイツ	イタリア	スペイン	スウェーデン	ロシア	オーストリア＝ハンガリー	ポルトガル	合計
1870-1880	952	56	568	462		121	53	86	135	2433
1880-1890	1801	119	1363	996	251	329	207	379	173	5618
1890-1900	765	51	604	1545	1054	168	500	683	277	5647
1900-1910	1319	53	276	846	964	174	871	2201	347	7051
1910-1920	1065	32		1165	1309	43			360	3974

表 4-3-3　ヨーロッパ移民の受け入れ国と規模（単位：1000）

	合衆国	カナダ	オーストラリア	アルゼンチン	ブラジル	ニュージーランド	合計
1870-1880	2269	−85	192	85	194	137	2877
1880-1890	4492	−205	383	638	449	20	5982
1890-1900	2532	−181	25	320	1198	26	4101
1900-1910	5285	716	41	1120	622	86	7870
1910-1920	3197	232	208	269	815	50	4771

図 4-3-2 および図 4-3-3 とも，純流出，純流入（受入れ）数。ただしドイツ，スペイン，フランス，ブラジルは総流出，総流入。

国により各時期の取り方に違いがある場合がある。スペインの 1880-1890 および 1890-1900 の欄は，1877-1887 および 1887-1900 の数字。オーストリア＝ハンガリーの 1870-1880 の欄は 1869-1880 の数字，ポルトガルの 1870-1880，1880-1890，1900-1910，1910-1920 の欄は，それぞれ 1864-1878，1878-1890，1900-1911，1911-1920 の数字。カナダの 1870-1880，1880-1890，1890-1900 の数字（マイナス＝流出）は合計に含まれない。南アフリカ連邦の数字はここでは省略した。それは 1910-1920 のみについて −45（流出）を記載している。

Alan Green and M. C. Urguhart, Factor and Commodity Flows in the International Economy of 1870-1914 : A Multi-Country View, *Journal of Economic History*, Vol. 36, No. 1 (Mar. 1976), pp. 221-222.

表 5-1　イギリス国別地域別国際収支の構成（1910 年，百万ポンド）A

	輸入	%	国内産輸出	%	再輸出	%	貿易収支
工業ヨーロッパ	153.6	22.6	86.4	20.1	41.6	40.1	−25.6
他ヨーロッパ	121.3	17.9	61.2	14.2	15.7	15.1	−44.4
内ロシア	43.6	6.4	12.3	2.9	9.0	8.7	−22.3
ヨーロッパ計	274.9	40.5	147.6	34.3	57.3	55.2	−70.0
合衆国	117.6	17.3	31.4	7.3	30.7	29.6	−55.5
英領北米	26.2	3.9	20.6	4.8	3.0	2.9	−2.6
北アメリカ計	143.8	21.2	52.0	12.1	33.7	32.5	−58.1
アルゼンチン	29.0	4.3	19.1	4.4	0.9	0.9	−9.0
中南米計	72.2	10.6	57.5	13.4	3.1	3.0	−11.6
インド	42.8	6.3	46.0	10.7	1.0	1.0	4.2
アジア計	79.5	11.7	82.2	19.1	2.0	1.9	4.7
トルコ・中東	26.3	3.9	18.4	4.3	0.4	0.4	−7.5
アフリカ	19.7	2.9	34.5	8.0	2.7	2.6	17.5
オーストラリア	38.6	5.7	27.7	6.4	3.4	3.3	−7.5
大洋州計	59.5	8.8	36.4	8.5	4.2	4.0	−18.9
その他							
総計	678.3	100.0	430.4	100.0	103.8	100.0	−144.1
							−142.7

総計には国別不詳分を含む。

工業ヨーロッパはフランス，ベネルクス諸国，スイス，ドイツ。

中南米には西インド諸島も含む。トルコ・中東（ほぼオスマン帝国に対応）はアジアに含まれない。

大洋州はオーストラリアとニュージーランドの合計。総計欄下段の数字は，A. H. Imlah による値。

資本輸出は M. Simon の数字。貿易収支から国際収支にいたる各項目の国別地域別数字は前者の国際収支構成を基礎として推計。第 5 章注(3)を参照。

表 5-1　イギリス国別地域別国際収支の構成（1910 年，百万ポンド）B

	貿易収支	貿易外収支	投資収益	経常収支	資本輸出	地金収支	国際収支
工業的ヨーロッパ	−25.6	31.9	0.7	7.0	−1.0	11.8	17.8
他ヨーロッパ	−44.4	22.6	9.2	−12.6	−13.3	2.9	−23.0
内ロシア	−22.3	7.3	5.0	−10.0	−7.2	2.6	−14.6
ヨーロッパ計	−70.0	54.4	9.9	−5.6	−14.3	14.7	−5.2
合衆国	−55.5	22.9	34.1	1.5	−29.1	−15.3	−42.9
英領北米	−2.6	10.8	23.3	31.5	−40.6	−0.9	−10.0
北アメリカ計	−58.1	33.7	57.3	32.9	−69.7	−16.1	−52.9
アルゼンチン	−9.0	5.5	14.4	10.9	−14.1	0.6	−2.6
中南米計	−11.6	15.0	34.2	37.6	−33.5	2.9	7.0
インド	4.2	10.1	17.1	31.4	−15.5	15.3	31.2
アジア計	4.7	18.6	22.3	45.6	−23.0	15.9	38.5
トルコ・中東	−7.5	5.1	3.1	0.7	−3.2	11.7	9.2
アフリカ	17.5	6.4	18.4	42.3	−14.7	−32.0	−4.4
オーストラリア	−7.5	9.9	13.2	15.6	−5.5	−2.0	8.1
大洋州計	−18.9	13.6	18.8	13.5	−8.3	−2.9	2.3
その他			5.9	7.0	−0.6	−0.9	5.5
総計	−144.1						
	−142.7	146.7	170.0	174.0	−167.3	−6.7	0.0

表 5-2　アメリカ合衆国，国別地域別国際収支の構成（1910 年，百万ドル）

	輸出	%	輸入	%	貿易収支	貿易外収支	投資収益	経常収支	資本収支	国際収支
イギリス	506	28.8	271	17.2	235	−84	−108	43	216	259
工業ヨーロッパ	368	21.0	301	19.1	67	−67	−53	−53	120	67
その他ヨーロッパ	262	14.9	234	14.8	28	−195		−167		−167
ヨーロッパ大陸計	630	35.9	535	33.9	95	−262	−53	−220	120	−100
英領北米	216	12.4	95	6.0	121	−33	32	120	−27	93
中南米計	263	15.1	408	25.9	−145	−61	54	−152	−45	−197
アジア計	78	4.5	210	13.3	−132	−29	11	−150	−3	−153
アフリカ	19	1.1	17	1.1	2	−3		−1	−3	−4
大洋州計	34	1.9	20	1.3	14	−15		−1	−3	−4
								−4		−4
項目計	1745	100.0	1557	100.0	190	−480	−64	−365	255	−110
総計					386	−480	−64	−158	255	97

国別地域別計（項目計）が総計と異なるのは地金収支（86 百万ドル）を含まないことと，国際収支計算上の調整によるものと見られる。

貿易外収支は投資収益を含まない。運輸，旅行・送金などの要因を入れて推計した。

投資収益は国別地域別の投資残高によって推計。イギリスと工業的ヨーロッパに対する合衆国の投資はほぼ同額として推計。

投資収益のアジア，アフリカ，大洋州は合計で 11 百万ドル。

以上の収支項目以外に，総計には公的準備の増加（−71 百万ドル，マイナスは増加），誤差脱漏（−26 百万ドル）がある。数字の基礎資料については，第 5 章注(11)を参照。

表 5-3 フランス国別地域別国際収支の構成（1910 年，百万フラン）

	輸入	%	輸出	%	貿易収支	サーヴィス・旅行	金融	経常収支	地金収支
イギリス	930	13.0	1275	20.5	345	212	27	584	−57
ドイツ	860	12.0	804	12.9	−56	160	21	125	−12
他西欧	702	10.0	1472	23.6	770	209	49	1028	9
イタリア	189	2.6	344	5.5	155	51	43	249	−11
他南欧	226	3.2	189	3.0	−37	40	129	132	−14
スウェーデン	70	1.0	12	0.2	−58	8	1	−49	0
他北欧	27	0.4	36	0.6	8	6	1	15	0
オーストリア	89	1.2	46	0.7	−43	13	73	43	0
他中東欧	95	1.3	17	0.3	−79	11	82	14	−2
ロシア	337	4.7	88	1.4	−250	41	372	163	−9
トルコ	96	1.3	73	1.2	−23	16	109	102	0
大陸ヨーロッパ計	2693	37.5	3084	49.5	391	555	880	1826	−39
エジプト	82	1.1	56	0.9	−26	13	56	46	0
英領南ア	84	1.2	12	0.2	−72	9	40	−23	0
アフリカ計	860	12.0	728	11.7	−132	25	214	107	31
インド	387	5.4	43	0.7	−344	41	36	−267	11
蘭領インド	63	1.0	4	0.1	−59	6	7	−46	0
中国	210	2.9	17	0.3	−193	22	20	−151	0
日本	110	1.5	12	0.2	−98	12	10	−76	0
アジア計	919	12.8	144	2.3	−775	85	86	−604	13
合衆国	614	8.6	456	7.3	−158	103	53	−2	−3
カナダ	12	0.2	25	0.4	13	4	3	20	0
アルゼンチン	302	4.2	163	2.6	−139	45	79	−15	0
ブラジル	167	2.3	69	1.1	−98	23	40	−35	0
中南米計	877	12.2	421	6.8	−456	111	208	−137	40
オーストラリア	228	3.3	10	0.2	−218	23	13	−182	0
大洋州計	242	3.4	19	0.3	−223	23	13	−187	0
その他	26		82		56			56	−3
総計	7173	100.0	6234	100.0	−939	1117	1483	1661	−18
					−882	1117	1483	1718	−9

輸出，輸入，貿易収支および地金収支は特別貿易の数字で再輸出を含まない。貿易収支および地金収支の総計の下の欄の数字は Lévy-Leboyer の数字。

特別貿易の数字は *Annuaire Statistique de la France,* 国際収支項目は M. Lévy-Leboyer（ed.），*La Position international de la France : Aspects économiques et financiers XIXe–XXe Siècle*, Paris, 1977, pp. 25, 120–121。

総計数字には国，地域区分ができない取引を含む。サーヴィス・旅行は総計を国別地域別に貿易総額の割合で按分した。また金融は総計を 1913 年の国別地域別投資残高の割合で按分した。北西欧，南欧など大きな地域にまとめられている場合はその地域内の合計を貿易総額の割合で按分した。基礎資料については，第 5 章注(15)を参照。

表 5-4　ドイツ国別地域別国際収支の構成（1910年，百万マルク）

	輸入	%	輸出	%	貿易収支	サーヴィス	要素所得	経常収支
イギリス	767	8.6	1102	14.7	335	191	19	545
フランス	509	5.7	543	7.3	35	108	11	154
他西欧	758	8.5	1342	18.0	584	215	16	815
イタリア	275	3.1	324	4.3	49	61	5	115
他南欧	184	2.1	122	1.6	−62	31	38	7
スウェーデン	164	1.8	191	2.5	27	36	2	65
他北欧	234	2.6	418	5.6	184	67	5	256
オーストリア	759	8.5	822	11.0	62	162	68	292
他中東欧	93	1.0	104	1.4	11	20	38	69
ロシア	1387	15.5	547	7.3	−840	198	41	−601
トルコ	67	0.8	105	1.4	38	18	41	97
大陸ヨーロッパ計	4430	49.6	4522	60.5	92	917	263	1291
エジプト	94	1.0	34	0.5	−59	13	9	−37
英領南アフリカ	59	0.7	54	0.7	−5	12	9	16
アフリカ計	418	4.7	181	2.4	−237	61	45	−131
英領インド	439	4.9	93	1.2	−346	55	11	−280
蘭領インド	188	2.1	50	0.7	−138	24	5	−109
中国	95	1.1	67	0.9	−28	17	2	−9
日本	37	0.4	89	1.2	52	13	2	67
アジア計	828	9.3	332	4.4	−496	119	23	−354
合衆国	1188	13.3	633	8.5	−555	186	81	−288
カナダ	11	0.1	37	0.5	26	5	2	33
アルゼンチン	357	4.0	240	3.2	−117	61	32	−24
ブラジル	279	3.1	122	1.6	−157	41	20	−96
中南米計	993	11.1	586	7.8	−407	162	86	−159
オーストラリア	268	3.0	63	0.8	−205	34	10	−161
大洋州計	293	3.3	72	1.0	−221	37	11	−173
総計	8934	100.0	7475	100.0	−1459	1681	530	752
地金取引	376		170		207			207

総計には国別に区分できない数値を含む。基礎資料については，第5章注(15)を参照。

表 5-1b　イギリス国際収支（単位：百万ポンド）

	1890	1895	1900	1905	1910	1913
貿易収支	−86.3	−126.5	−167.0	−155.9	−142.7	−131.6
投資収益	94.0	93.6	103.6	123.5	170.0	199.6
貿易外収支	99.6	87.8	109.1	120.1	146.7	168.2
経常収支	107.3	54.9	45.7	87.7	174.0	236.2
地金収支	−8.8	14.9	−7.5	−6.2	−6.7	−11.9

A. H. Imlah, *Economic Elements in the Pax Britannica*, Cambridge, MA, 1956, pp. 70–75.

表 5-2b　合衆国国際収支構成の変化（単位：百万ドル）

	1890	1895	1900	1905	1910	1913
商品	55	81	754	536	386	771
サーヴィス	−27	−21	−36	−27	−49	−63
旅行	−53	−61	−112	−142	−227	−261
送金	−45	−55	−95	−133	−204	−207
金融	−125	−126	−99	−69	−64	−72
経常収支	−195	−182	411	165	−158	−168
資本収支	194	137	−218	−83	255	87
公的準備	1	44	−91	−71	−71	−25
誤差脱漏			−103	−11	−26	−229

U. S. Department of Commerce, Bureau of the Census, *Historical Statistics of the United States, Colonical Times to 1970*, Part 2, Washington D. C., 1975, pp. 864–867.

表 5-3b　フランス国際収支構成の変化（単位：百万フラン）

	1890	1895	1900	1905	1910	1913
商品	−636	−302	−550	120	−882	−1476
サーヴィス	403	347	418	458	612	731
旅行	339	304	366	366	505	603
金融	664	670	838	1127	1483	1657
地金	143	−40	−248	−644	−9	−514
経常収支	913	979	824	1427	1709	1001
資本保有	16170	18373	22607	28772	35726	38583

M. Lévy-Leboyer, *La Position internationale de la France*, pp. 119–121.

表 5-4b　ドイツ国際収支構成の変化（単位：百万マルク）

	1890	1895	1900	1905	1910	1913
商品輸出	3327	3318	4611	5732	7475	10097
商品輸入	4146	4121	5766	7129	8934	10770
貿易収支	−819	−803	−1155	−1397	−1459	−673
サーヴィス	999	830	1166	2222	1681	1042
要素所得	250	310	400	480	530	570
経常収支	430	337	411	1305	752	939
地金収支	−44	−19	−136	−197	−207	−335
在外資産増	386	318	275	1108	546	604

Walther G. Hoffmann, *Das Wachstum der deutschen Wirtschaft seit der Mitte des 19. Jahrhunderts*, Berlin 1965, SS. 816–818.